六祖坛经修心课

不抑郁的活法

费勇 著

华东师范大学出版社·上海

图书在版编目（CIP）数据

不抑郁的活法 / 费勇著. —— 上海：华东师范大学出版社, 2013.10
　ISBN 978-7-5675-1331-0
　Ⅰ.①不… Ⅱ.①费… Ⅲ.①佛教 – 人生哲学 – 通俗读物 Ⅳ.① B948-49
　中国版本图书馆 CIP 数据核字 (2013) 第 245853 号

不抑郁的活法

著　　者　费勇
项目编辑　许　静　朱晓韵
审读编辑　舒小林
装帧设计　卢晓红

出版发行　华东师范大学出版社
社　　址　上海市中山北路 3663 号　邮编　200062
网　　址　www.ecnupress.com.cn
电　　话　021-60821666　行政传真　021-62572105
客服电话　021-62865537　门市（邮购）电话　021-62869887
门市地址　上海市中山北路 3663 号华东师范大学校内先锋路口
网　　店　http://hdsdcbs.tmall.com

印 刷 者　苏州工业园区美柯乐制版印务有限责任公司
开　　本　890毫米x1240毫米　1/32
印　　张　7
字　　数　120 千字
版　　次　2013 年 10 月第 1 版
印　　次　2023 年 7 月第 8 次
书　　号　ISBN 978-7-5675-1331-0/B.809
定　　价　49.00 元

出 版 人　王　焰

如发现本版图书有印订质量问题，请寄回本社客服中心调换或电话 021-62865537 联系

目 录

自 序
读懂《六祖坛经》,唤醒身心潜藏活力　　001

《六祖坛经》学前课
16分钟读懂《六祖坛经》的来龙去脉　　005

第一部分
不抑郁的活法:六祖坛经修心课

第1课　大字不识一个,惠能顿悟成佛　　031
- 卖柴为生的禅宗祖师　　032
- 做自己喜欢的,喜欢自己做的　　035
- 率直是最完美的处世艺术　　037
- 郁郁而终的智士　　039
- 惠能:菩提本无树,明镜亦非台　　041
- 郁闷时说出来,负累感就会消散　　043
- 惠能参透的人生本质　　045
- 风吹幡动,惠能的心不动　　047

第2课　最容易被你忽略的小幸福　　049
- 惠能在大梵寺讲法的第一句话　　050
- 释迦牟尼佛留给世人的遗言　　052

- 你内心潜藏治愈抑郁的智慧　　054
- 最容易被你忽略的小幸福　　056
- 快乐就在一呼一吸之间　　058
- 多事不如少事，好事不如无事　　060
- 顺其自然就好，幸福地活在当下　　062

第3课　饿了专心吃饭，困了安心睡觉，就是在修心　064
- 觉悟不是循序渐进，而是豁然开朗　　065
- 禅修是一种生活态度　　068
- 看到地上不干净，佛陀拿起了扫帚　　070
- 告别怀才不遇的烦闷　　072
- 跳出思维的陷阱　　074
- 面对不想做又必须做的事，如何调整情绪　　076
- 常识一定是对的吗　　078
- 惠能的独特智慧　　080

第4课　你不要刻意控制念头，也不要被念头牵着走　081
- 两种不同的觉悟方法　　082
- 普通人如何去除分别心　　084
- 虚妄的源头在哪里　　086
- 每次发脾气前，都是你改善心境的最好时机　　088
- 盲眼老人过独木桥的启示　　090
- 世事多变，随遇而安　　092
- 你不要刻意控制念头，也不要被念头牵着走　　093
- 改善人际关系的必修课　　095
- 你可以试试和花朵聊天　　097

第5课　摆脱抑郁的方便法门　099
- 恶念头，毁你千年善缘；
  善念头，消你千年恶缘　　100

- 觉悟即佛圣，迷惘则庸众　　102
- 什么才是真正的功德　　104
- 破灶禅师指点灶神　　106
- 佛祖救度众生的四种工具　　108
- 高兴不起来怎么办　　110
- 害怕与人交往怎么办　　111
- 感觉前途暗淡怎么办　　113

第6课　遇见无牵无挂的六祖惠能　　115
- 守也守不住，有生就有灭　　116
- 生活不在别处，就在此时此地　　118
- 愚公移山的心态　　120
- 超然物外的六祖惠能　　122
- 怎样理解"烦恼即菩提"　　124
- 通过念佛可以达到极乐世界吗　　126
- 遇见无牵无挂的六祖惠能　　127

第二部分
《六祖坛经》原文及优美白话译文

自序

读懂《六祖坛经》,唤醒身心潜藏活力

很多人受到忧郁的折磨,更多的人受到抑郁的侵扰。

抑郁是现代社会很常见的心理状态:觉得无形的压力压着自己;觉得生活像一张一张的网,网罗着自己;觉得前途渺茫;觉得生命没有意义等等,很低落,很压抑。怎么办呢?好像没有什么办法。去旅行,去购物,去看心理医生,诸如此类,都不失为缓解的办法。

如果你试过很多办法,还是高兴不起来,那么,我建议你不妨读读《六祖坛经》。

为什么抑郁的人应该读读《六祖坛经》?为什么我们每一个人都应该读读《六祖坛经》?

简单地说,《六祖坛经》并非一本宗教的书,而是一本关于思维方式的书,一本关于生活方式的书,一本关于创意的书,一本关于自由的书。是的,关于自由的书。《六祖坛经》告诉你的,不是怎么样去做一个佛教徒,不是怎么样去念佛,

怎么样去读经，而是告诉你如何觉悟，做一个彻底放松的人，做一个心灵自由的人。

《六祖坛经》讲的顿悟，真正的含义是，你在任何一个刹那，都应该回到那个最终的点上。什么是最终的点呢？如果你是一个佛教徒，那么，你应该在任何一个刹那，都不要忘了你修行的根本目的是什么，不要忘了佛的最终觉悟是什么。也就是说，当下就领悟到真相，即刻就停下来。让什么停下来呢？让你的习气，你的贪欲，停下来；让你自己的心性，即刻显现，即刻回到你自己。如果你是一个普通人，那么，在任何一个刹那，都不要忘了你真正的目的，不要停留在手段上，要记得你的目的地。

《六祖坛经》提醒我们，不要困在各种形式里。一定要烧香吗？一定要拜佛吗？一定有什么仪式吗？不一定。重要的是你是不是真的觉悟了。沿着《六祖坛经》的思路，你会发现，世间的一切都不过形式，比如婚姻，比如工作等等，只是我们忘了我们透过这些形式想要达到的目的，所以，这些形式就成了生活的目的。于是，婚姻、工作就成了压力。如果你明白到这些不过是一种形式的东西，你也许可以用游戏的态度置身其间，你会突然发现，在烦嚣而牢狱般的世间，自己其实可以无碍而行。

《六祖坛经》的生活态度，是一种游戏的生活态度。这就是为什么美国的嬉皮士喜欢禅宗，而且把他们喜欢的禅师叫作"禅疯子"。《六祖坛经》确立的禅宗洋溢着自由的气息，和游戏的喜乐。德国哲学家席勒说："只有当人充分是人的时候，他才游戏；只有当人游戏的时候，他才完全是人。"所以，不妨游戏，不妨疯癫，在一个一本正经的环境，疯癫能够把你解放出来，能够提升你的生命，能够让你像一个人那样活着。

《六祖坛经》不认为你一定要到深山隐居或者去寺庙修行，而是鼓励你在生活里修行。

有一个人问禅师："和尚修道，是否用功？"

禅师回答："用功。"

那个人又问："怎么用功呢？"

禅师回答："饿了就吃饭，困了就睡觉。"

那个人很疑惑："世上的人都是这样，难道他们也是像师傅您那样在修行？"

禅师回答："他们和我不同。"

那个人又问："如何不同？"

禅师回答："他们吃饭时不肯吃饭，忙碌来忙碌去；他们睡觉时不肯睡觉，计较来计较去。"

困了就睡，饿了就吃。这是《六祖坛经》开创的禅宗的修行态度。在另外的宗派里，会教导一个很确定的方法，比如你每天什么时候吃饭，吃多少，每天什么时候睡觉，睡多少时间。你每天必须按照规定的时间去吃，去睡，这是一种修行，一种自律。慢慢地，也可以达到一定的境界。

《六祖坛经》的思路，让你觉得世间的一切规定，都无足轻重，让你觉得，生命的每个瞬间，都不应该是等待的，不应该是苦熬的，而应该是自由盛开的。这是我理解《六祖坛经》所讲的顿悟的真正含义：每个刹那都是完成。所以，生活的每个刹那，你在做什么不重要，重要的是，你要有觉悟的心。觉悟的心，就是不去求这求那的心；觉悟的心，就是不去分别这分别那的心；觉悟的心，就是喜乐的心。

所以，不妨读读《六祖坛经》，看看是否有一扇自由的门，其实一直向你敞开着；看看是否有一扇自由的门，只要你轻轻打开，生命就永远在喜乐之中，你将发现一个全新的自己：乐观自信，活力十足！

《六祖坛经》学前课

16分钟读懂《六祖坛经》的来龙去脉

《六祖坛经》：禅宗至高经典

《六祖坛经》的特别，在于它是唯一出自中国人的佛经，它是中国佛教唯一的一部经书。

为什么叫《坛经》呢？坛，在中文里原意是土垒的高台。

在佛教里，有两个含义，一指戒坛，就是出家人受戒的地方；二指道场，梵文音"曼荼罗"，就是佛教里做法事的时候供奉菩萨、佛的地方。**唐代中期的某年某月，一位名叫惠能（又作慧能）的和尚，在韶州的大梵寺讲法、做法事，他坐的地方就叫"坛"或"坛场"。他的弟子法海把他的言论记录下来，辑录成册，这本册子就是《坛经》。**

在很长一段时间里，《坛经》没有被印刷成书，而是手抄本，并没有在社会上广泛流传，只是在宗门里几乎秘密地传授，是惠能开创的南宗法脉传承的信物。《坛经》最后一段说："如果要托付这部佛法，一定要有上等的智慧，并且诚心向佛，慈悲为怀。秉持这部经书作为一种继承，到现在没有断绝。""发誓愿意修行，遇到艰难决不退缩，遇到痛苦一定能够忍耐，福慧德泽深厚，才能传授这部佛法。"

因为长期手抄流传，所以，《坛经》有不少的版本，比较有名的如宗宝本，在明代形成并一度是最盛行的版本；再比如敦煌本，是20世纪上半叶中国和日本的学者在大英博物馆和中国的敦煌发现的。由于敦煌本的发现，人们意识到《坛经》在传播的过程里，有不少的增减，形成了不同的版本，并相信一定存在着更原始的版本。不过，到目前为止，学者们虽然发现了多种《坛经》的版本，但最早的仍然是敦煌本。更原始的版本，在时间的河流里沉默着。

佛教史学者杨曾文先生在《敦煌新本六祖坛经》（上海古籍出版社，1993年）里，对于已经发现的各种版本作了简单的梳理。第一，《坛经》祖本，也称法海原本，大约在公元713年到732年左右形成。第二，敦煌本原本，大约在公元733年到801年之间形成。第三，惠昕本，公元967年惠昕的改编本。第四，契嵩本，公元1056年形成。第五，德异本和曹溪原本，刊印于公元1290年。第六，宗宝本，成书于公元1291年。

《坛经》版本的流传，以及对于最初版本的追寻，几乎可以写一部悬疑长篇小说，也可以写很多大部头的学术著作，没完没了地探究下去。不过，这是作家和学者的工作，对于我们普通人而言，确实如美国作家比尔·波特说的，纠缠这样的问题，还不如种种花，或喝一杯茶。

虽然《坛经》版本众多，而且有不少的差异，但基本属于细节的差异，总的内容还是相同的。不论哪个版本，大概都分为三个部分，第一部分是惠能在大梵寺"说摩诃般若波罗蜜法，授无相戒"。这个部分是《坛经》的主体，惠能思想的独特性都体现在这一部分。这一部分在不同的版本里，变化最少。第二部分是惠能讲述自己的经历，各个版本的差别也不是很大。第三部分是惠能和一些弟子之间的对话，以及临终咐嘱、禅宗法脉等等，这一部分在不同的版本变化最多。

一般认为，第一部分和第二部分是惠能讲法的记录，记录人是弟子法海。第三部分的内容应该有很多添加的成分。

《坛经》是印度佛教在中国本土化的标志，意味着中国在印度佛教的影响下形成了自己很特别的佛教传统——禅宗。禅宗后来流传到日本、朝鲜，成为东亚佛教的主流。《坛经》开启了一条很有趣的思想源流，就是禅宗的传统。这个传统，在今天，已经遍及欧美各地，成为现代人解决心理问题的最有效的思想资源之一。

惠能顿悟的传奇经历

《坛经》的特别，还在于它出自中国蛮荒之地的一个樵夫，一个目不识丁的文盲。这样一部在人类思想史上有重大影响的经典，居然出自一个文盲的脑袋，可能是思想史上唯一的一个例外。

胡适先生在20世纪30年代初，提出了一个惊人的看法：《坛经》并非惠能的作品，真正的作者是惠能的弟子神会。胡适的观点引发了一场至今没有完成的学术争论。绝大多数人一方面承认《坛经》在流传的过程里，不断被改写、增减，有些内容甚至如印顺法师（当代著名高僧）所言，是出于宗教的需要，不足为信；另一方面，又坚信《坛经》基本上仍是惠能思想的体现，不论有多少个版本，它的核心并没有改变，同样，它的价值也不会改变。

惠能到底是怎样的一个人？留下来的资料并不多。从有限的资料里，大概可以感受到，这个人的一生，活得非常简单——

公元638年，也就是唐贞观十二年，惠能出生在广东新兴，当时叫新州。他的父亲姓卢，本来是范阳人（今河北境内），不知道犯了什么过失，不仅丢掉了官职，而且被流放到了岭南。惠能很小的的时候，父亲就去世了。他和母亲流落到南海，相依为命，靠卖柴维持生计，饱尝人情冷暖。

有一天，他给一个客人送柴时，无意中听到有人在读《金刚经》。他一听之下，如遭电击，好像明白了什么，问客人在哪里能够学习到《金刚经》里讲的道理。客人告诉他在黄梅的冯茂山有一位弘忍禅师，座下有成千的弟子。于是，惠能就立即辞别老母，一路往黄梅去求法。这是《坛经》里的记述。在另一本文献里，讲他听了《金刚经》后，就起了学习佛法的心愿。直到母亲去世，他才离开家乡，踏上修行的道路。

惠能先是到了曹溪（今广东曲江县境内），在那里结识了同样学习佛法的刘志略，并结为兄弟。

刘志略的姑妈是一个尼姑，叫无尽藏，在当地的山涧寺出家。惠能白天和刘志略一起劳动，晚上就到山涧寺听无尽藏诵读《大涅槃经》。惠能听的时候，常常说出自己的感悟。无尽藏觉得惠能的见解独到而深刻，却没有想到惠能一个字都不认识，很奇怪不识字的人怎么能理解经文的意思。

惠能对她说："佛性之理论，非关文字能解。今不识文字何怪？"佛的道理，并不是文字能解释的，而是要靠自己的心领悟的，所以，不识字而能明白佛理又有什么奇怪的呢？

惠能在曹溪期间，据说曾到宝林寺学习过大约三年时间。然后，听说乐昌有位远禅师在石窟里修行，便前去请教，向他学习坐禅。又到附近的惠纪禅师那里，听他念《头陀经》。然而，他们的方法都不能让惠能满足。于是，他下决心前往黄梅，看看从弘忍禅师那儿是否能够学到真正的解脱法门。

公元674年，三十七岁的惠能翻山越岭，长途跋涉，一个人徒步到了黄梅的冯茂山。那时候，五祖弘忍的门下已经有近千名的信徒。

按照《坛经》的记载，开始的时候，弘忍对惠能好像不怎么看得上眼。这么一个蛮荒之地来的小子，到这里来做什么呢？弘忍就问惠能："你是哪里人啊，为什么要来礼拜我？想从我这里学到什么呢？"惠能回答："弟子是岭南人，新州的小百姓，大老远的到您这儿，不求什么，只求成佛的方法。"弘忍就说："你是岭南那边的人，又是个蛮子，怎么能学习成佛的方法呢？"惠能回答："人有南北的分别，但佛性并没有南北的分别。蛮子的身貌和和尚的身貌不同，但佛性又有什么不同呢？"

弘忍听了，不再发问，觉得惠能不是等闲之辈。但有意思的是，他安排惠能去了碓坊打杂，一干就是八个多月。也就是说，这八个多月，惠能的学习，不过是每天做杂活。

有一天，弘忍突然对弟子说，要选择一位接班人。怎么选呢？不是指定，而是考试。如果自己觉得已经有所觉悟了，就写一首偈（jì，即佛经中的唱颂词）呈上来。弘忍会根据偈来确定接班人。结果，大家都等着神秀写偈，因为神秀是弟子里公认最聪慧的。

神秀只好写了一首偈：

身是菩提树，心如明镜台。
时时勤拂拭，莫使惹尘埃。

惠能看到这首偈,觉得不过瘾,就自己吟了两首,让人写在墙壁上。

第一首:

菩提本无树,明镜亦非台。
本来无一物,何处惹尘埃。

第二首:

心是菩提树,身是明镜台。
明镜本清净,何处染尘埃。

和神秀的中规中矩相比,惠能的偈一下子把人带到了一种广阔自由的境界,是颠覆性的思维方式。弘忍看了以后,知道惠能已经彻底觉悟,便悄悄地把衣钵传了给他,并让他连夜离开黄梅,往岭南方向走去。果然,弘忍其他的弟子不服惠能,有些甚至一路追赶,想抢回衣钵。

到了岭南,惠能回到新兴、怀集、四会一带,隐居在山林里,和猎人为伍。这段避世的生活有说是十六年,也有说是三年。总之,惠能是过了一段完全隐遁的生活。

武则天恭请惠能讲授佛法

公元676年,惠能到了广州的法性寺(现在的光孝寺),在那里正式剃度出家。在法性寺的时候,发生了一个有名的故事,就是"风动还是幡动"的故事。

那一天是正月十五,寺里悬上了幡。在夜晚的月光里,几个和尚看到幡在风里飘荡,便议论起到底是风在动还是幡在动。有和尚说:幡没有生命,当然是风在动;有和尚说:幡没有生命,风也没有生命,是因缘和合的缘故它们一起在动;也有和尚说:只见到幡动。众人各执一词,争执不下。

惠能在旁听了,大声说:风幡都没有动,是你们的心在动,是你们的妄想在动。一下子让大家豁然开朗。

在法性寺出家不久,惠能就到了曹溪,就是现在韶关一带,在那里的宝林寺和大梵寺弘法,向自己的弟子,也向社会上一般的民众,宣扬自己修佛的方法。

据《曹溪大师别传》里记载,惠能最初弘法的时候,对听讲的人说:"我有法,无名无字,无眼无耳,无身无意,无言无示,无头无尾,无内无外,亦无中间,不去不来,非青黄赤白黑,非有非无,非因非果。"

惠能说的是佛性。佛性难以用文字表达,所以,惠能用了一连串的"无"和"非",就像前面那首诗,一下子全部"否定"掉:"本来无一物"。不是这个也不是那个,不是有也不是无……那么,是什么呢?把习惯语言文字思维的人逼到绝处,然后突然恍然大悟。惠能的这种方法,是用文字来质疑文字,用文字来开启文字无法表达的那扇门。这就是惠能开创的"顿教"法门,后来成为禅宗独具的风格。

《坛经》记录的,就是惠能在曹溪讲授的佛法。惠能在曹溪二十多年,到了晚年,名声已经远播京城。岭南在中国古代一直是化外之地(旧指政令教化达不到的偏远地区),惠能的出现,可能让岭南第一次也是唯一的一次成为一个文化的中心。大约在8世纪初,武则天和唐中宗先后两次派使者到曹溪,恭请惠能到京城的皇宫里去讲授佛法。惠能都以身体不好为由婉辞了。

公元705年,使者薛简回京城之前,请求惠能传授坐禅的心法给自己,以便他回去可以向皇帝有所交代。惠能就从《金刚经》里"若人言如来若坐若卧,是人不解我所说义"那句讲起,讲了"不生不灭"的道理,让薛简明白到:"佛性本自有之……今日始知至道不遥,行之即是;今日始知涅槃不远,触目菩提;今日始知佛性不念善恶,无思无念,无知无作不住;今日始知佛性常恒不变,不为诸惑所迁。"

惠能为薛简传授的坐禅心法,用现在的话来说,大意是坐禅的重点不在于坐,靠坐,坐不成佛,而要靠觉悟、靠行动。你只要不造作,就能成佛。

怎样叫不造作呢?就是在日常生活里好好生活,但不要起心求这求那,也不起心分别这分别那。是的,你就这样好好地活着,花开花落地活着,阴天晴天地活着,就可以了。你不需要离开尘世去生活,专门去找什么佛性啊、寂静啊,专门去找,一定不会找到。

公元712年,惠能回到故乡新州的国恩寺。公元713年8月3日,惠能在国恩寺去世,享年76岁。

当年的11月,他的遗体被运到曹溪。惠能的弟子据说有几千人,有名的弟子如法海、志诚、法达、智常、志通、法如、神会等,还有历史上非常著名的禅师青原行思、南岳怀让、南阳慧忠等,也都曾经向惠能学习禅法。

《坛经》到底讲了什么

在惠能之前，以及惠能同时代，都有不少中国的禅师对于佛法有过自己的思考，也有著作留存下来。但是，为什么只有惠能的《坛经》成了经典？

在惠能之前，以及惠能同时代，也有禅的各种流派，但为什么唐代后期到宋代，其他的流派都衰落了，都慢慢被人遗忘了，而《坛经》所开创的南宗却越来越广地流播，渐渐地成为中国禅宗的代表？

《坛经》到底讲了什么特别的东西，能够那么吸引中国的文人学者，还有一般学佛的人？很多人会不假思索地回答：因为惠能《坛经》提倡顿悟，没有印度佛教那套繁琐的修行过程，所以，深得中国人的欢迎。

这个回答，不能说对，也不能说错。说对，缘于《坛经》确实确立了一种非常简单的修行方法，让普通人不再对佛教望而生畏。说错，是因为《坛经》的独特方法，并非顿悟。如果你以为神秀的办法，是按照一个套路一步一步地修行，一步一步地把尘埃去掉，最终达到彻底的清净；而惠能的办法是一下子就觉悟，一下子就达到彻底的清净，那么，你完全误解了惠能的本意。

顿悟不是惠能的独创，佛陀当年在菩提树下证悟，就是顿悟，而惠能之前的中国禅师道生，也专门讨论并倡导过顿悟。惠能的独特，不在于顿悟，而在于提倡"定慧等一"。他和神秀的区别，并非修行时间的长短，并非神秀主张要用很长的时间去修行，而惠能主张用很短的时间，甚至是瞬间去修行。修行时间的长或短，不过是形式上的东西。形式上的东西，正是惠能要摒弃的。

我们回顾一下神秀的偈："身是菩提树，心如明镜台。时时勤拂拭。莫使惹尘埃。"这个偈讲的修行方法，和惠能的偈讲的方法，到底有什么不同，我们不妨用两个故事来说明。

第一个故事来自印度。有一个国王想让一个人当宰相，但不知道他能否胜任，于是，就设法考核他。怎么考核呢？让士兵把他抓起来，在他的头上放了一罐滚烫的油，对他说：你只要能够顶着这罐油走完整个闹市区，就可以活命，如果溅出一滴油或倒了下来，就立即处死。那个人头上顶着油，觉得这是一件不可能完成的事，但转念一想，反正都是一死，不如放下恐惧，专心于油罐，一路走去。

士兵通知了那个人的家属，家属们赶来看着那个人，哭哭啼啼的。但那个人完全专注于油罐，只管走自己的路。又来了一堆人，大声议论路上有一个美女多么漂亮，但那个人还是一心走自己的路。又有大象疯狂乱闯，街上的人到处逃窜，那个人还是不为所动，一心集中在油罐上走自己的路。终于，走到了终点，当了宰相。

第二个故事来自中国。讲一个老贼的儿子，希望父亲把偷窃的本事传授给自己。老贼当天晚上就带了儿子潜进一户富豪的家。老贼很轻巧地开了窗户，一下子就窜到放贵重物品的房间，很快打开了一个柜子，让儿子进去看看。儿子一进去，老贼就把柜子锁上了，并大喊一声"有贼"，就一溜烟自己跑掉了。

那家人惊醒了，起来到处找贼。柜子里的儿子吓得浑身发抖，心想这下死定了。一转念，反正是死，与其坐以待毙，不如拼死一搏。于是，儿子就假装老鼠咬衣服的声音，引来一个丫鬟打开了柜子。刚打开，他就跳起来，一掌打翻丫鬟手上的油灯，迅速跳出窗外，往院子里冲去。十几个佣人追了上来，儿子心生一计，拿起一块石头扔进井里。追的人以为他掉进了井里，都围到了井边。

那个儿子很轻易地翻过院墙，溜回家里。回到家发现父亲正优哉游哉地喝酒，儿子不禁责问：老爸你为什么要害我？老贼一脸无辜，说儿子啊我怎么会害你呢，今晚我不是把最好的方法都教给你了吗？而且你也已经学到了，从今以后，你可以独立行动了。儿子一听，恍然大悟，连声感谢父亲。

胡适曾说这两个故事显示了印度禅和中国禅的区别。在我看来，这两个故事也显示了神秀的偈和惠能的偈的区别。

神秀的偈，表明他的路子还是印度禅的路子，而惠能的路子，已然是一种新的方向，成为中国禅形成的标志。当然，两者区别并非像胡适说的，第一个故事强调"定"，第二个故事强调"慧"。

实际上，印度禅也好，惠能的中国禅也罢，都遵循佛陀教诲，修行的基本途径是"戒、定、慧"，它们并没有只强调其中的某一个而忽视其他，它们的区别在于：神秀的偈以及第一个故事，强调的是按部就班，按照一个过程渐渐到达目标，戒了就能定，定了就能生慧。第一个故事中，那个人在面对死亡的情况下，专注于头上的油罐，一步一步地排除杂念，先是排除亲情的干扰，然后是排除美色的干扰，等等，最后，一无挂碍，就很自在地走到了终点。在到处都是障碍的世间，如果你一步一步地修行戒、定、慧，那么，你就可以很自在地走来走去。

就像神秀的偈所写的，身心本来都很清净，不过被污染了，所以你要慢慢地、一步一步地揩拭掉那些尘埃，让清净显现。这种方法其实并没有什么错，但是存在一个流弊——那就是有些修行者在一步一步地修行时，忘掉了修行的本义，而专注于形式。惠能一定是看到了这种流弊，所以，他的偈，就像第二个故事，强调的是戒、定、慧三者同样重要，是一个同时发生的整体，并不能简单地割裂开来。

所以，神秀的偈和惠能的偈，区别在于前者把修行分成一个程序，要一步一步地达到彻底的觉悟，而后者把修行看成一个整体，要从一开始就有彻底的觉悟。

第一个故事也好，第二个故事也罢，神秀的偈也好，惠能的偈也罢，都是要**从没有办法中想出办法，都要在混乱的、充满无数束缚的世间找到自由行走的路**，但是，第一个故事和神秀的偈，是要用一种固定的办法去找到办法，而第二个故事和惠能的偈，是要用"法无定法"的法去找到办法。

所以，我们可以说，印度禅强调的是方法，强调的是通过一定的方法达到彻底的觉悟；而中国禅强调的是没有一定的方法，强调的是你必须从头至尾要有彻底的觉悟。

所以，惠能的《坛经》带来的，是彻底自由的气息，是对于世间一切的形式不在乎的自由气息。

惠能：什么才是真正的"禅"

《坛经》里有一段写惠能和志城的对话。志城原来是神秀的弟子，因此，惠能问他神秀是怎么教戒、定、慧的，志诚回答："神秀师父是这样说的：不做任何恶事就叫戒，凡是善的就去做叫慧，自己清净自己的心意叫定。"

惠能就对志诚说，神秀所说的戒、定、慧适合于悟性不是特别高的人；对于悟性高的人来说，**心里面没有是是非非的纠缠分别就是戒，心里没有迷乱自性就处于定的状态，心里没有愚痴自性就处于慧的境地**。一句话，如果悟到了自己的本性，其实就不必再立什么戒、定、慧了。

在向大众说法的时候，惠能反复强调，坐禅坐禅，讲究坐的姿势，讲究透过坐禅而追求平静和清净，是一个误导，坐禅，并不能获得真正的平静和清净。

在他看来，什么叫"坐"呢？并非一动不动地坐在那里就是坐了，而是一切圆融无碍，任何形形色色都不能引起妄念，才是真正的"坐"。显现自己的本性，不迷乱，才是真正的"禅"。又引用《菩萨经》的说法：戒本源自性清净。戒的真正含义是清净的本性。

这是《坛经》最富有革命性的一点：一切的形式都是无足轻重的，重要的只是你内心的觉悟。如果你内心觉悟了，那么，**不管什么形式都是有效的；如果你内心没有觉悟，那么，不管什么形式都是无效的**。惠能认为，通过打坐或别的形式达到觉悟，是本末倒置，应该反过来，觉悟了再透过某种形式，可以使觉悟不再退转。

有些人表面看，是在安静地打坐，但心里却东想西想，一会儿想着怎么搞垮自己的对手，一会儿想着怎么赚大钱，诸如此类。这样的打坐有什么意义呢？

又有些人表面看，很虔诚，不吃肉不吃鱼，不杀生也不恶语，好像所做的都符合戒律，但心里却在胡思乱想，一会儿觉得那个什么人不如自己有佛性，一会儿觉得那个什么人很漂亮，诸如此类。这样的戒又有什么意义呢？

又有些人在家里、办公室里供了佛像，天天起来就烧香拜佛，还时不时地去庙里捐钱、跪拜，但是，在烧香拜佛的时候，心里想的是佛祖快快保佑我升官发财；烧香拜佛之后去做的，是伤天害理的事。这样的供奉佛像，这样的烧香拜佛，又有什么用处呢？

惠能并不反对形式，并不反对各种戒律，也不反对各种禅定的方法，他反对的，是只做形式的功夫，而不从心性上下功夫；他反对的，是只在表面上做功夫，而不从根本上去转变。惠能所要求的，是彻底的修行，是彻底的生活。

彻底的修行，彻底的生活，不一定要离开世俗，不一定非要去庙里或深山里，而是在世俗的日常里，就可以过得很彻底，就可以修行得很彻底。《坛经》里反复强调："一行三昧者，于一切处行住坐卧，常行一直心是也。"意思是在日常生活里的任何时候，不论做任何事，都要保持一颗真如的心、一颗觉悟的心。如果你有一颗觉悟的心，那么，你做什么事就不重要了。

《坛经》最富革命性的第二点是：修行不一定要出家，不一定要有什么礼法规矩，而是要在日常生活里保持觉悟的心，活在此时此刻，活得心安理得。

《坛经》开启了禅宗在日常生活里修行的传统。惠能说得很明白，想要修行的话，不一定非要出家当和尚，在家里也可以修行，修行和在家还是出家没有必然关系，要是出家人在庙里心怀恶念，那么，他就还是在"家"里，要是俗众在家里心怀善念，那么，他就已经出"家"了。

一句话，不要被世间的形式阻碍了觉悟的道路。

禅源于一个很优美的动作

谈惠能，谈《坛经》，离不开禅宗这个概念。"禅"字在汉语里，意为单衣，佛教里的"禅"，是梵文 dhyana 的汉语音译。称为"禅那"，简称"禅"。梵文的原意，不过沉思和静观，是佛教里的修行方法。惠能《坛经》之后，禅的含义有所变化，显然不只是指静修的方法。从《坛经》开始，禅，更是一种思维方式，一种生活态度。

《坛经》开创的禅宗，有很特别的风格，完全没有一般宗教的神圣气息，充满了日常生活的生动和活泼。所以，禅宗很难归类，不像宗教那样对于形式感十分注重，也不像哲学那样对于思辨十分看重。禅宗有点像行为艺术，一切都由细小而含义深远的行动或片语只言构成。或者，禅宗更像一种富有创意的生活态度和生活方式。

《坛经》确立的中国禅宗轻视文字，认为真正的真理是不可言说的，认为语言常常是我们通向真理的障碍，所以，后来的禅师在回答"什么是佛法大义"之类的问题时，绝不会做文字的演绎，一定会回答一个无厘头的答案，比如"麻三斤"。唐代时，僧问洞山良价禅师："如何是佛？"洞山禅师正好在称量胡麻，就顺口答道："麻三斤。"麻三斤正好是当时洞山眼前之物，洞山这么回答，用以表示佛法的真实，意为身旁无论何物均是佛法。诸如此类，目的是想引导发问者离开语言的轨道，转向语言之外的广阔道路。

所以，中国禅宗叙述禅宗源流，虽然也追溯到印度佛陀那儿，但着眼点已经完全"中国禅宗"化了。

比如，在中国禅师的描述里，禅源于一个很优美的动作。什么动作呢？拈花微笑。

据说当年在灵鹫山上，有信徒献给佛陀一枝金波罗花，请求佛陀开示成佛的方法。佛陀在座位上只是拿着这朵花让下面的听众看，所有人都不知道佛陀的意思，只有大迦叶会心一笑。于是，佛陀对大家说："我有得见妙法之眼，即是涅槃，是心，是实有和非实有之奥秘，是文字不能表达的，也是一切的教规无法抵达的，所以，这种法的传授不依靠文字，不借助教派的规矩。现在我就这样将它传给大迦叶。"

"不立文字，教外别传"成为中国禅宗代代相传的基本原则。据《坛经》的说法，佛陀之前还有六位佛，佛陀是第七位。佛陀以拈花的方式将禅的心法传给了大迦叶，大迦叶又以什么方式传给阿难呢？

有一次，阿难问大迦叶："除了衣钵之外，您从佛陀那里还接受了什么呢？"阿难实质是想问——佛法大义是什么？大迦叶看着阿难，用很大的声音叫了一声："阿难！"阿难马上应答："老师，我在这儿啊。"大迦叶又说了一句："你能不能把你门口的旗杆放下来？"大迦叶话音刚落，阿难就觉得有一道光穿过心里，突然就明白，大迦叶第一次喊自己，是在提示自己不要执着于文字语言，要从文字语言之外去看见答案。第二次说的话，是提示自己要把心里的各种成见、概念都清空。

大迦叶就这样把禅的心法传给了阿难。

《坛经》在阿难之后，列了二十六位印度的祖师，加上大迦叶和阿难，共有二十八位印度祖师，最后一位是菩提达摩，同时也是中国禅宗的祖师。

菩提达摩当年到中国，在少林寺面壁九年。神光去向他求教，他不予理会，神光就断了自己的手臂。达摩问他想求什么，神光回答："很多年来我一直想让我的心安定下来，却一直没有办法做到，请尊者为我安心。"达摩回答："心在哪里呢？你拿来我就为你把心安好。"神光说："我的困难就在于我一直找不到我的心。"达摩回答："就在那里，我已经为你安好了。"神光一听，就觉悟了。神光成了达摩的弟子，改名慧可。后来达摩把衣钵传给慧可，慧可又传给僧璨，僧璨传给道信，道信传给弘忍，弘忍传给惠能。

当然，这是惠能的南宗成为禅宗主流后建立起来的禅宗历史。有意思的是，到了惠能，衣钵再也没有传下去。因为惠能《坛经》强调"一切自看"，强调直接见性，对于形式的东西非常轻视，所以，宗派的仪式变得很薄弱，很难有一个统一的教主，而是一个一个很活跃的禅师。

在惠能之后的近二百年，以惠能《坛经》思想为主导的禅宗十分兴盛，却没有了七祖、八祖等。传统的祖师，到惠能为止，是一个终结，又是一个开始。

好事坏事,都会过去

《坛经》开创了一种自由的个人修行风格,是对于印度禅过于重视形式和程序的一种矫正。

但是,我们不要忘了,惠能自己并没有否定神秀的偈,没有否定传统的印度禅,他只是认为神秀的方法适合悟性不高的人,而自己的方法适合悟性高的人。

对于悟性高的人来说,确实有可能"酒肉穿肠过,佛性心中存",但是,后来的流弊是,人们记住了"酒肉穿肠过",而忘了"佛性心中存",忘了"佛性心中存"是一个前提,只有在佛性心中存的情况下,你才能酒肉穿肠过。而有趣的是,如果你真的佛性心中存了,也就不会酒肉穿肠了。

也就是说,如果你觉悟了,如果你的佛性显现了,那么,你做什么事都可以,都无所谓;但另一方面,如果你觉悟了,如果你的佛性显现了,那么,你就什么都不会去做了。这里的度,这里的言外之意,在实际的生活里很难考量,只能是每个人"冷暖自知"。

所以,《坛经》开创的禅宗,到后来也有很多流弊,有很多野狐禅,有很多故弄玄虚,有很多粗鄙放纵。

我自己第一次阅读《坛经》是在近三十多年前。根据自己的读经心得和切身体会,我曾写了这样一段话:"刹那之间,十多年过去了。再好的事,过去了,再坏的事,也过去了。仿佛鸟儿飞过天空,没有留下一丝痕迹。其实,不说十多年,就说人的一生，甚至，人类千万年的漫长历史，如果放在宇宙间观察，也不过弹指一挥间。所以，惠能才会说：本来无一物。如果我们在事情发生的当下，就能觉知到无常背后那安静的空无，那么，能有多大的事呢?

确实，天下本无事，庸人自扰之。一切都在自己。

第一部分

不抑郁的活法：六祖坛经修心课

第1课　大字不识一个，惠能顿悟成佛

　　惠能的伟大不仅在于他天才的领悟力，更在于他决然割舍的勇气和行动力。

　　从习惯的轨道上逸出并不是一件容易的事。许多人厌恶自己的现状，但一旦真正要舍弃，却会患得患失、优柔寡断，结果一生都在悔恨、焦虑、抑郁中纠缠不已。

卖柴为生的禅宗祖师

惠能很小的时候,父亲就去世了。他与母亲移居到南海(广州),因家道落魄,靠卖柴为生。

有一天,他为别人送柴的时候,听到有人在诵读《金刚经》,聆听之下,若有所悟,若有所得。他问读经的人,从何处得来这部经书。那人说,是从黄梅弘忍和尚那里得来的。惠能听了以后,立即就辞别母亲,前往黄梅,礼拜弘忍和尚。

关于这个故事,另有一些版本增添了客人送银十两或百两给惠能,让他安顿好母亲后才走。印顺法师说这样的增加是因为顾及中国的孝道,但这个细节引发出一种疑惑:释迦牟尼、惠能、弘一法师等一旦觉悟,就抛开家庭不管,是不是没有承担应有的责任?

不过,这种疑惑大概只是普通人的疑惑,尤其是信奉"父母在不远游。游必有方(一定的去处)。"的普通中国人的疑惑。对于圣者或觉悟者而言,完全从另外一个层面、世俗生活之外的层面来理解、实践孝道之类的责任。也许,这不是一个什么问题。

这段叙述的魅力在于:以漫不经心的语调道出的是一个人一生中最重大的转折。我们每个人出生以后,就纳入了体制、习惯之中,如果不发生什么意外的事,一辈子就这么过了,活着就是沿着社会所设计的轨道前行,重复无数的前人与无数的同时代的其他人所走过的或正在走的路,很少有生命能够焕发出自己独一无二的光芒。

如果没有与《金刚经》相遇,那么,惠能的一生就在偏僻的岭南,作为无数个卖柴人中的一员,悄无声息地度过。然而,那一天,好像冥冥中注定似的,恰好他进去的时候,听到了别人在诵读佛的经典。这是一种机缘,并非人人都能遇到。但是,机缘只是为生命提供了拓展的可能性,却并没有改变生命的质地。

如果《金刚经》对惠能没有任何触动,那么,这个机缘就随风而逝,毫无意义。又或者,惠能听到后有所触动,觉得只是为着谋生的、算计的生活没有灵性,应当去寻找那最终极的活法,但是,他想到自己的卖柴生意刚刚开始兴旺,想到母亲会不会寂寞,想到路途遥远,诸如此类,就打消了寻求佛法的念头,继续做他的卖柴生意。那么,这个机缘只是稍稍激起了一点涟漪,旋即就又恢复到一潭死水的日常状态。

惠能的伟大不仅在于他天才的领悟力,更在于他决然割舍的勇气和行动力。

从习惯的轨道上逸出并不是一件容易的事。许多人厌恶自己的现状,但一旦真正要舍弃,却会患得患失、优柔寡断,结果一生都在悔恨、焦虑、抑郁中纠缠不已。

所有伟大的人物,乃至一般的所谓成功人士,都具备这样一种质素:知道自己真正想要的是什么,也知道自己能够做什么,然后,全神贯注地做自己所喜欢的。因为是自己所喜欢的，所以无论结果怎样，都是一种欢喜。对他们而言，既无成功，也无失败，只是欢喜。

当那一个片刻，惠能听到了《金刚经》，那些文字像是敲在了他的灵魂上，激发起他积淀已久的沉思与期待。这时，一切变得那么明晰，他立即明白他这一生要做的是什么，然后，毫不犹豫地离弃了尘俗的一切，向着北方，去展开另一种生命。

做自己喜欢的，喜欢自己做的

我想再谈谈惠能听到《金刚经》就觉悟的事。惠能在大梵寺讲法的时候，已经是一位高僧，但他对于自己曾经不过是一个打柴的樵夫，一点也不隐讳。他打柴的时候，就好好做好打柴这件事，没有一点点的不满或抱怨。然后在某一天，因着某个机缘，听到别人念金刚经，发现了在打柴之外有另一种活法；觉得那种活法才是他想要的活法，就毫不犹豫地不再做一个樵夫，而是北上，去做一个修行者。

这就是惠能，打柴的时候好好打柴，发现了自己喜欢的，就立即去做。而很多人之所以抑郁，是因为他们不能义无反顾地去做自己喜欢的；于是，活在纠结之中；活在分裂的自我之中。明明在做这件事，却觉得有另一个我在远处召唤。总是不能喜欢当下的那个我。

这是经常发生的情况，比如，一个年轻人其在大学毕业的时候，按照社会的要求找到了好的工作。但是在随后的生活里，他却越活越压抑，越活越无趣。为什么会这样呢？那是因为他在选择工作的时候，只是在找一个社会认定的好工作，却没有好好问自己到底喜欢什么。一个人要去找的不应该是一份所谓好的工作，而应该去找一件适合自己的事情去做。如果你找到了一份适合你做一辈子的事情去做，那么，一辈子你都不可能抑郁。

那个年轻人找到了一份所谓好的工作,但很快就清楚这不是自己想要的生活,但每次有机会改变的时候,总是有这有那的理由好像让他难以改变。结果,他就这样一直活在自己所不喜欢的事情里,如同活在无法逃离的牢笼中。

实际上,这个世界上并没有牢笼,所有的牢笼都是我们自己制造。如果惠能也像我们很多人那样,总是觉得要现实一点,那么,他在决定北上求法的时候,会有多不胜数的理由让他放弃他的念头。比如照顾老母,比如没有路费,仅仅这两点就足以让大多数人彻底打消自己的心念。但是,惠能的头脑里没有现实这样的概念,他只是很自然地听从自己内心的召唤,听到那个召唤,他就跨出去。一旦跨出,其实,就会越走越宽敞,因为你是走在自己的道路上。如果你仔细观察,你会发现,按照社会设置的方向走,你开始的时候会很顺利,但越走越狭窄,因为你是走在别人的道路上。

生如昙花。你应当欢喜盛开。去喜欢你的人那里,去你喜欢的人那里,做你喜欢的事,走你喜欢的路。如果那个人不喜欢你,远远地离开他/她;如果你不喜欢那个人,远远地离开他(她)。我们终将死亡,所以,此刻多么美好。在此刻,不论你在做什么,都抱着欢喜的心;此刻,如果有自己喜欢的,不用犹豫,不用计较,即刻去做。这就是惠能的态度,这种态度会让你远离抑郁的情绪。

率直是最完美的处世艺术

惠能翻山越岭，走了一个多月才到达黄梅。那时候，弘忍大师的门下有徒众千余，是当时的禅学中心。见到惠能这个来自蛮荒之地的樵夫，弘忍问他："你是什么地方人？到这儿来礼拜，想从我这里学到什么？"惠能回答："弟子是岭南新州人，特地大老远地来向您礼拜，不求别的，只求作佛。"

没想到弘忍大师轻蔑地说："你是岭南人，是个没有开化的蛮子，怎么能够作佛呢？"惠能当即反驳："人虽然有南北的分别，但佛性并无南北之分；我这个蛮子虽然与您长得不太一样，但里面的佛性又有什么差别呢？"弘忍非常赞赏他的回答，不过，并没有表现出来，只是让他在碓房里打杂。

弘忍当然明白佛性不分南北的道理，《楞伽师资记》里提到弘忍曾说："虚空无中边，诸佛身亦然，我印可了了见佛性处是也。"他不过是在考察惠能是否有慧根罢了。

惠能的回答之所以得到重视，不完全因为所言正好与弘忍相契合，还因为他率直的态度——在一位享有盛名的大师面前，自然地表达心中所想。

从根本上说，率直是最完美的处世艺术。如果我们只是做回自己，还需要什么公关之类的粉饰术？以弘忍的地位，一定已经习惯了膜拜与奉承，惠能率真的驳诘，大概令他眼前一亮。处于高处的人其实大多寂寞，缺乏知音或对手的那种寂寞。这个蛮子居然能非常透彻明白地说出对于佛性论的见解，弘忍一定觉得遇到了一个能够与自己对话的人。

不过，禅的做派是深藏不露与平平淡淡。弘忍并没有特别对待惠能，而是派他去做粗杂的活。佛性遍于最平凡的日常生活里，遍于一切众生。这个理念，现在已经成了常识，但大多数人也只是口头明白而已，能够从内心深处自己去领悟的，并不多，而领悟了又能去亲证的，就更加少之又少。

大多数时候我们在日常里迷乱或烦恼，都是因为我们束缚于各种各样的成见而不自觉。关于南方与北方，关于成功与失败，关于贫与富，诸如此类，我们容易纠缠于它们之间的差异，又常常把这些差异绝对化，变成不假思索的常识，而恰恰是这些常识，囚禁了生命的自然成长，压抑了本来具足的广阔与喜悦。

差异只是幻象，而同一性或普遍性是根本的。差异常常激起我们的不安与混乱，而只有容纳差异以后把握到的普遍性，引导我们进入澄明与宁静。天上的云彩缤纷，我们看到了形姿各异的云彩，以为天空有着不同的形与色。但是，如果我们穿过云层，就会发现：在云之上，是一个没有形色的宇宙，既没有上下之分，也没有东西南北之分，更无大小之分，浩浩茫茫，无始无终。所以，那些圣者经常提醒我们，当脚踏大地的时候，不要忘了头上的天空。

郁郁而终的智士

惠能是一个文盲。一个对于中国文化产生了莫大影响的人居然是一个文盲,这在许多人看来是不可思议的,因而,有人甚至认为这只不过是夸大了的传说。一个文盲成为文化史上里程碑式的人物,在古今中外,也许并不多见,我所能想到的,似乎只有惠能一人而已。但是,我并不怀疑这种说法的真实性,无论在《坛经》里,还是在别的传记里,都提到惠能不识字。

可以从两方面来理解这个事实,首先,在惠能那个时代,教育并不普及,大多数人都是程度不同的文盲。因而,惠能的不识字有其时代性。其次,也是最重要的一点,人们之所以无法接受文盲惠能,是因为人们预存了一种常识性的看法:文字即知识,文字即智慧。

然而,文字与知识、智慧之间,并无必然的联系。当尼姑无尽藏觉得奇怪:"字都不识,怎么能明白意义呢?"惠能回答:"佛的妙理,和文字没有关系。"在文字这种媒介诞生之前,人类已经存在了数千万年,人们借口耳相传延续着知识、智慧。所以,文字并不是唯一的。

一个识字的人当然比不识字的人更容易获得知识,但是,不一定更有智慧。知识是客观存在的信息、一堆未经处理的素材,而智慧则是一种能力,一种穿透现象直抵本质的能力。一些人非常博学,但一生只是学究,只是像蚯蚓一样在一个小小的瓶中纠缠、打转，储存了许多信息，却没有成就一种生命、一种人格。

我听说过这样一个故事：一位富翁要外出远游，请了一位"智士"入住他的豪宅，并让所有的佣人听从"智士"的调遣。智士从未见过如此豪华的住宅，非常欢喜，心想在接下来的几天要好好享受。不一会儿，他去厕所小解，见到厕所有点局促，便召来工人，要把厕所改造得更大。结果，接下来的时间，他完全纠缠在厕所工程里，忙得蓬头垢面、废寝忘食。

差不多到了过年的时候，厕所尚未改造好，而富翁却已经回家。"智士"这才若有所失，对富翁说："自从你出去后，我每天埋头厕所工程，完全没有去享受你这所华丽的邸宅，那些花、草、竹子、北榭南楼的风与月……都未及观赏，不想岁月如飞，你一下子就回来了。你回来了，我就得离开了。""智士"又回到自己的旧居，郁郁而死。

这位"智士"其实就是许多知识者的写照。羁绊在文字的格局里，为着无数的"厕所工程"耗尽心血，却忘了文字之外有更广大的天地，有无数的美丽与生动，静静地向我们敞开。如果我们的心灵不会去听、去看、去思，那么，文字给予我们的，常常只是知识的牢笼，囚缚了我们的想象与创造。

所以，在金庸的《侠客行》里，几十年来几百名高手无法破解的李白诗歌，却被一字不识的石破天无意中破解了。石破天不识字，没有什么概念的束缚，只是用自己的心随意去看，却发现了最简单的，也是最终极的道理。

惠能：菩提本无树，明镜亦非台

真人不露相。那么，露了相的就不是真人。但是，如何判别谁是真人，谁不是真人呢？强调不露痕迹的禅宗在选择接班人时，仍要采用考试这种形式。五祖在考虑继承人时，就把门人召集起来，要求他们每人去写一首诗，以此来测定到底谁真正觉悟了，然后把法衣传给觉悟者。

神秀听了师父的吩咐，非常为难。如果不把心里的领会呈现给师父看，师父又怎么能够知道自己的领会究竟是浅是深？如果把心里的领会呈现出来，又好像自己是为着祖师的地位，与凡俗人的争夺权位一样。他左思右想，终于想出一妙计。夜半趁大家熟睡，神秀溜出房间，在走廊的墙壁上题了诗，却不留下自己的名字。

他的诗是这样的："身是菩提树，心如明镜台。时时勤拂试，莫使惹尘埃。"

弘忍看到这首偈，认为并没有达到最透彻的领悟："只到门前，尚未得入"，但另一方面，他又认为一般的大众如果依照此偈修行，就不会堕落三恶道，所以，他让这个偈留在墙上，让门人都来礼敬、诵读。惠能听到别人诵读这个偈，觉得尚未觉悟，便自己作了两首偈，请人写在墙上。

其中一首是这样的："菩提本无树，明镜亦非台。本来无一物，何处惹尘埃。"另一首是："心是菩提树，身是明镜台。明镜本清净,何处染尘埃。"

其他人看到惠能的偈,都很奇怪。但惠能像什么事也没有发生一样,等写完后就回到碓房干自己的活去了。

历来的读者往往过分地抑神秀而扬惠能,把神秀的偈说得一无是处。实际上,神秀与惠能的偈分别是北宗与南宗的源流。他们两人的偈不过是不同的领悟罢了。

日本曹洞宗学僧忽滑谷快天说得好:"惠能偏于顿悟,容易产生傲慢心;神秀注重渐修,容易堕于小见。"惠能的偈触及了最终极的层面,但如果没有神秀所揭示的修行,对于大多数人来说,所谓最终极的,就只是空中楼阁。从教育的角度看,惠能的方法适合天才,而神秀的方法适合常人,一为精英教育,一为大众教育。

在为人风格上,惠能确实表现出天才的气质,而神秀就显得相当拘谨。神秀在写偈的时候,患得患失,顾虑重重。惠能却毫无顾忌,是怎么样就怎么样,领悟了就说出来,说出来就说出来了,一派天真自然,心中没有任何芥蒂。可以说,神秀与惠能都是觉悟之人,只不过,神秀的觉悟是通过修炼而得,而惠能的觉悟却是自发的、天然的。

作为常人的我们,因为达不到惠能的境界,反而常常将他的偈挂在嘴边,当作玄妙的谈资。对于神秀的偈,大约觉得太简单了,很少有人认真对待,却不知,恰恰简单的,才是我们最需要的。正如一个禅师对苏东坡说,道理是简单,但又有几个人能够做到呢?

郁闷时说出来，负累感就会消散

有时候，我们的抑郁不过来自于我们把我们想说的压抑在了心里。有不满，不敢说；有想法，不敢说；有喜欢，不敢说；有愤怒，不敢说；因为害怕说出来之后会得罪别人，或者觉得说了也是白说。问题是，不说出来，并不等于没有这种或那种情绪；于是，一天一天地，积聚在心里，越积越多，当你心里多余的东西越来越多，那么，你的负累感也就越来越重。最终，你会觉得很沉很沉，你会觉得活着是多么沉重的一件事。然而，活着，不是老牛拉车，也不是背负着重担走路，活着，是花的盛开，是水的流动，是云卷云舒。

所以，要学会把心中想说的说出来。说出来，不只是一个表达，而是一种流露，一种放下，说出来了，就随风而去，就什么也不留下。你看惠能，见到弘忍，一个当时万人膜拜的大师，觉得他的见解有问题，就很直率地反驳了他。包括你我在内的大多数人不会这样做，因为面对的是一个权威，而且是一个对他有所求的权威。为了利害关系，你我在内的大部分人都会附和隐忍。

附和隐忍，不等于你真的赞同，那个小小的异议还在你的心里，日子久了，就可能长成一团烟雾，一团让你抑郁的烟雾。没有一点点的烟雾弥漫在惠能的心里，所以，看到神秀的偈，觉得还不是最终的境界，他就立即自己写了一首贴在墙上。如果是你我，会有顾虑，觉得这样做会不会让人以为自己想要争袈裟呢。然而，那个想法还在心里，慢慢地憋着，最后又是一团烟雾。如果你的内心憋着那么多的烟雾，你怎么可能轻松地行走在世间呢？

所以，不同意的，尽管说出来；不想做的，尽管说出来；悲伤的，尽管说出来；不满意的，尽管说出来；有想法，尽管说出来。活着，就要像水那样潺潺流动，就要像树那样自然生长。说出来，就是把各种情绪随时疏散，随时溶化。说出来，不是说东道西，不是张家长李家短，说出来，是把自己的情绪说出来，用平和的方法说出来。如果说出来的，是招引是非，那不是说出来，而是牵扯不清。真正的说出来，只是一种自然的生长，自然的情绪的流动。生命也罢，情绪也罢，只有在流动中，才不会郁积，不会阻塞，不会停滞。

惠能参透的人生本质

据《坛经》所言，弘忍读了惠能的偈，大为激赏，将衣袍与法传给了他，并让他远远地逃向南方，以免受到不满者的迫害。弘忍把惠能一直送到九江的驿站，叮嘱他努力把佛的道理向南传播，但三年之内先不要宣扬。惠能就这样离开了五祖，一直向南方行走。走了两个月，来到江西与广东交界的大庾岭。后面有几百人追他，想夺回衣袍，追了一半不见人，就统统回去了。只有一个名叫陈惠顺（又作惠明）的僧人锲而不舍，一直追到岭上，向惠能冲去。

陈惠顺原是三品将军，性情残忍凶恶。惠能把法衣给了他，他却不肯取，说："我这么远来，是为了求佛的道理，不是求衣袍。"于是，惠能就在岭上向他讲解佛的道理，惠顺听后，立刻领悟了。惠能就叫他向北方去，教化大众。

关于这个细节，在后来的一个版本中，变成了神话。惠能将法衣掷在地上，惠顺去拿，却拿不起来，于是，就归附了惠能。兴圣寺本《坛经》的说法是，惠能以一个问题启迪了惠顺。这个问题是："不思善，不思恶，正与么时，哪个是明上座本来面目？"但有些专家认为，这种"参话头"（根据一个"话头"去参悟其中的佛理）不可能出现在惠能的年代。

又据《祖堂集》记载，惠能当时对惠顺说的是："静思静思，不思善，不思恶，正与么思不生时，还我明上座本来面目来。"也许这比较符合当时的情景。

《祖堂集》与兴圣寺本所记的惠能所言,虽然说话的方式不一样,但内涵其实是相同的,表达的都是惠能最基本的理念,即他后来说法的时候所强调的"无念"。

所谓"无念",惠能的弟子神会的解释为:"不念有无,不念善恶。"这种惠顺闻所未闻的观念,一下子为他打开了一种深广的视野,使他在刹那间领悟到了那最终究的东西,那能够令他的心灵安宁的东西。

惠能向惠顺提问具有震撼力。一个真正的问题,有时会改变我们的一生。无论宗教上的大彻大悟,还是学术上的创见或科学上的发现,哪一个不是从疑惑、从问题开始的?在为着名利忙忙碌碌的每一天,当你在夜深时分,静静地问自己几个"为什么……"、"难道……"、"到底……"诸如此类的问题,然后静静地、一无所思地入睡。

风吹幡动，惠能的心不动

惠昕本的《坛经》记载，惠能从弘忍那里回到岭南，在怀集、四会一带的山中隐迹了很多年。

仪凤元年（公元676年），惠能到了广州的法性寺，那时候，印宗法师正在那里讲《涅槃经》。有一天夜里，突然起风，惠能听到两个和尚在争论：门口的幡之所以动，是什么原因？有个和尚认为是幡自己在动，另一个却认为是风在动，而在另一本文献中，还有第三个和尚认为是因缘和合的结果。

惠能听他们争执不休，忍不住说了一句：风没有动，幡没有动，是你的心在动。刚好被印宗法师听到，惊为高人，立即把惠能请到房内，问明他是弘忍的弟子后，就为惠能举行了剃度的仪式。从此，惠能算是正式在佛教界立足。不久，他要求回到曹溪。惠能在那里传法，直到圆寂。

"是你的心在动"，直截了当地把人带回到自己的内心。风、幡的动，源于我们的心动。一切外界的现象，因我们的心动而动。

在这里，惠能强调了一个基本的佛理：回到自己的心。同时，又提出了心如何动的问题。**一切的境遇、一切的喜乐是我们自己的心造成的。要解决我们的欲望，不是靠不断地去满足欲望，而是靠改变我们的态度；要获得最终的解脱，不是靠肉身的修炼，而是靠心灵的觉悟。**也就是说，要解决人生的根本

问题,要摆脱苦厄,靠的是心如何动。

"是你的心在动",容易引起一个误解,以为风、幡的动是由于心动而引起的,如果心没有动,那么风、幡也不会动。这是似是而非的理解。风、幡客观上确实在动,即使你的心不动,即使你已经死亡,风、幡仍会动,只不过你觉知不到而已。如果你活着,你的心也不可能不动,因而,真正的问题是:动的心与动的风、幡相遇,心该如何动。

当我们接着阅读《坛经》,我们会渐渐明白,当惠能强调是"你的心在动"的时候,他所着重的,是我们不要受外界现象的拘束,不要让外物牵制我们的情绪,而是应该在当下,回到本来的样子,让自己的心做自己的主宰。就像罗马哲学家爱比克泰德所言:人们之所以心绪不宁,并不是因为发生了什么事情,而是因为他们对事情采取的观点不合适。

第 2 课　最容易被你忽略的小幸福

其实，如果你的心是安定的，那么，外界也就安静了。就像陶渊明说的：心远地自偏。如果你自己是好的男人或女人，那么，你就会遇见好的女人或男人。如果你的心是喜乐的，那么，无论做什么，即使只是随便走一走，你也会变得很健康。如果你的心是美丽的，那么你只要做回你自己，做回上苍赋予你的那个样子，你就是美丽的。

惠能在大梵寺讲法的第一句话

惠能在大梵寺讲授佛法，吸引了许许多多人。那天是上午还是下午，是晴天还是雨天，《坛经》里没有记载，只提到有"僧尼道俗一万余人，韶州刺史韦璩及诸官僚三十余人，儒士十余人"。这里的数字，可能是个概数。

惠能开口讲的第一句话是："善知识，净心，念摩诃般若波罗蜜法。"意思是把自己的心清净下来，念诵引导我们获得最终解脱的伟大法门。然后，他就沉默不语，"自净心神"。过了很久，才开始讲述自己寻求佛法的经历。

惠能开口说出的第一句话，是一种明白而坚决的召唤，召唤在座的各位立即回到自己的心灵。先回到自己的心灵，再来念佛，而不是企图通过念佛回到自己的心灵。也就是说，只是靠念佛并不能把我们带回到自己的心灵。

惠能安静地坐在那里，没有借助任何外在的力量，只是坐在那里，自己就把心清净了下来。惠能的姿态清晰地传达了这样一个信息：我们的心要靠我们自己去清净。即刻，没有任何犹豫地，无条件地，回到自己的心灵，而且，不靠任何外在的力量，自己回到自己的心灵。这是惠能一开始就阐明的总纲要，也是《坛经》的总纲，后来所讲的道理，大抵都围绕这个总纲展开。或者说，这是惠能所讲的南宗禅法的前提。无论要达到什么，你首先必须在当下，无条件地清净下来，让自己的心灵回到本性的状态。

在座的人各色各样，也有着各色各样的烦恼，他们大老远地来到大梵寺，期待着惠能为他们指明方向，寻找到解脱的出路。惠能一开口就是"净心"两个字，虽然没有录音机录下惠能的声音，但是，我们还是能够想象一千多年前，在偏远的岭南，一座普通的寺庙里，当惠能说出这两个字时，语调里蕴藏着怎样的澄澈和坚定。要把在座的人从日常的浮游里拉回去，回到自己那里去，而且要让他们自己找到回去的路。我惠能怎么可能帮你解脱呢？你必须自己清净自己的心，获得最终的觉悟。

不管你是谁，不管你现在正在做什么，不管外面正在发生着什么，你不能等待，不能有片刻的犹豫，刹那，就回到自己的内心，清净下来，世界也就跟着你澄定下来，一片宁静。

释迦牟尼佛留给世人的遗言

为什么要回到自己的心灵呢?

因为只有心灵属于我们自己。当我们死亡的时候,我们一直呵护的身体,会渐渐腐朽;我们辛苦奋斗而获得的财富,不会跟随我们而去;我们的亲人朋友,也许悲痛,但很快会把我们忘记。当我们死亡的时候,什么会陪伴我们而去,向着一个不可知的远方?只有我们的心灵。但大多数人在日常生活里,把所有的精力都奉献给了自己的身体、财富等等,唯独忘了现在、将来、永远属于我们自己的心灵。

放眼望去,来来往往的、粗糙的、光鲜的、美丽的、丑陋的、年轻的、年老的、晃动着的面容,竟像一只只老鼠,穿行在由高楼与高楼、街道与街道,以及公文、数字、契约、票据、身份证构成的几何形的迷宫中,进行着一场无休无止的竞赛,在我们的面前,只是道路,似乎永远没有出口。

生命是一场过于漫长或过于短暂的旅行,游戏的规则闪烁不定。我们追逐金钱,追逐名利,追逐声色,追逐神灵,从早到晚,忙忙碌碌,为每一枚新增的铜币,每一寸感官的享乐,每一点空洞的名声而欢喜,或者又不断地悲哀,不断地焦虑又不停地追逐。

我听说过这样一个古老的传说:从前,在遥远的海上,有一个美丽的小岛,岛上藏着一部伟大的书,谁得到了这部书,谁就能永生。通往小岛的道路充满了千难万险，无数的英雄为了探寻那部书，付出了自己的生命。终于，有一个英雄成功地到达了小岛，取到了那部书，打开一看，每一页都只是一面镜子，照见的是他自己的容颜。历尽千辛万苦，上下求索，得到的真理是：你要回到你自己。

　　回到自己，当然不是回到我们的容貌之上，容貌在岁月里像花一样盛开然后凋谢，永不凋谢的是我们灵魂的花朵，因此，回到自己，是回到我们的心灵。

　　在人事的纷杂喧闹中，我们向往而且追逐许许多多的东西，却唯独忘了我们自身，忘了我们的幸福源泉以及我们所要追逐的最终目标。在茫茫的尘世，在形形色色之中，我们能够依靠什么呢？一切有形的都会消逝，只有一种东西属于你自己，并且超越了有形无形，那就是你自己的心灵。

　　所以，释迦牟尼佛的临终遗言是："自以为灯，自以为靠。"

你内心潜藏治愈抑郁的智慧

为什么要回到自己的心灵呢？惠能讲了一个根本的理由，那就是：菩提般若之智，世人本自有之。他的意思是说，我们所要寻求的获得最终解脱的智慧，本来就存在于我们的内心，完全不必向外去寻找。

事实上，除了我们的心灵，没有什么外在的东西能够为我们带来解脱的智慧。这句话看似简单，却为人生的根本问题提出了一个解决的方法。人生的根本问题是如何处理欲望和死亡这两大事情。人从生下来开始，就有所欲望，因而就有所求，有所求就必然有所成败，失败固然痛苦，但成功也不能带来恒定的幸福，因为得到的注定会失去，就如同人从生下来开始，就注定要死亡。因而，为了满足欲望而做出种种努力，最后以死亡终结，带给我们一生的是烦恼，是痛苦，想不通这些，必然会抑郁。

一些人终于明白，功名、财富、美色的追求与得到，并不能带来恒定的幸福，因为这些欲望，都是基于身体而引发，身体本身都会腐朽，依附于身体的一切也无法长存，于是，他们想从灵魂的层面上去看待欲望和死亡，企图穿透过流动不已的尘世和身体，获得一种恒定的安静的境界。

现在，坐在大梵寺，聆听惠能说法的人，就是这些明白的人，已经明白必须超越身体获得安定的人。但是，他们不明白的是超越的方法，不明白怎样看透红尘幻影，怎样在看透之后恒定于一种绝对的脱离了苦乐循环、生死轮回的空无境界，他们怀着寻求答案的期待而来，期待在惠能这里得到指引，得到解脱。

但是，惠能却告诉他们，获得解脱的方法，你们不必大老远地到我这里找，其实你们自己的内心，一直就有解脱的智慧，你们要出离苦海，要觉悟，要成就佛道，你们自己就可以出离，可以觉悟，可以成就佛道。

所以，当惠能领着大家发完四大宏愿：众生无边誓愿度，烦恼无边誓愿断，法门无边誓愿学，无上佛道誓愿成。接着就强调：众生无边誓愿度，不是惠能度，而是众生用自己的自性去度；烦恼无边誓愿断，不是靠别的什么，而是靠自己的心灵去除虚妄，才能断掉烦恼。

一部《坛经》，不论何种版本，从头至尾，都在反复呼唤：回去，回到自己的心灵那里去。

最容易被你忽略的小幸福

因为我们不明白"本自有之"的道理，所以，总是在向外寻找、求取，而在寻找的过程里，我们不断地迷失，不断地错过"本自有之"的喜悦与美丽。身旁的风景，常常因为想着容易达到，被一次次地错过。然而，又那么渴望着风景，花了不少钱，受了不少罪，大老远地到所谓的"风景区"，挤在人群中探头探脑欣赏着那些人工的装饰，然后，一脸疲倦地回到家门口，突然觉得自己家门前的那一条小巷，那一棵古老的榕树，以及那斑驳的墙壁，其实也是蛮可爱的风景。

人真是奇怪，一生都在追求幸福、快乐，但近在眼前那"本自有之"的小幸福，总是被忽略或被弃置，而要向外不断地寻求。

难怪净土宗的第八代祖师莲池大师都曾写诗感叹："赵州八十犹行脚，只为心头未悄然。及至归来无一事，始知空费草鞋钱。"

惠能的嗣法弟子崛多三藏曾对神秀的一个弟子说："为什么不探寻自心呢？为什么不让自心清静下来呢？"自心就在这里，就在你自己的身上，你只要做回你自己就可以了，用得着东奔西跑地四处寻觅吗？

天空就在我们的头顶，月光常常照在我们的窗沿。就像苏东坡说的："耳得之而为声，目遇之而成色，取之无禁，用之不竭。"谁能够阻拦你享受此时此刻的风景呢？但是，正如一篇小说中的人物所言：能够享受它们的人并不多呢。因为我们忙碌，因为我们囚缚于所谓的工作与目标之中，吝于抬一抬头，停一下脚步，让心情在凝神的片刻，享受大自然本色的、无处不在的形姿声色。

一位在集中营等待死亡的女孩子在日记中写道：天空还不曾定量分配，我很快乐。这句话让人久久沉思。感谢上苍，我们拥有一双明亮的眼睛，而且没有即将死亡的阴影，然而，为什么我们仍在焦虑、抑郁中打发那永不重复的岁月？

生命中有多少风景在我们热切的寻求之中与我们失之交臂，远远离去？直到临终，回头翻翻生命的流水簿，才幡然醒悟到我们曾经错过了什么。

快乐就在一呼一吸之间

所以，惠能才会说，最终解脱的智慧，每个人的内心都具备，但由于我们的心迷失了，这种智慧也就无法发生作用。为什么迷失呢？因为我们总是把自己交付给外在的环境。我们以为，只要换了一个单位，就可以快乐，或者只要赚到了一百万，就可以快乐，诸如此类。

我们的一生，几乎都寄望于改变环境来达到自己的愿望。

在日常生活中你会发现，一些人总是在抱怨环境，一会儿是上司无才，一会儿是同事难处，于是，从这个单位换到那个单位，从这个城市移到那个城市……一些男人或女人总是抱怨这世界上好女人或好男人太少，所以，他或她只能形单影孤……一些人不断地找寻健康的秘诀，今年吃红茶菌，明年吃胡萝卜，今年练瑜伽，明年练太极……还有一些人不断寻求美貌的良方，一会儿去拉皮，一会儿去修眉，甚或去整容……

忙碌着，奔波着，最终能够得到什么呢？

其实，如果你的心是安定的，那么，外界也就安静了。就像陶渊明说的：心远地自偏。如果你自己是好的男人或女人，那么，你就会遇见好的女人或男人。如果你的心是喜乐的，那么，无论做什么，即使只是随便走一走，你也会变得很健康。如果你的心是美丽的，那么你只要做回你自己，做回上苍赋予你的那个样子，你就是美丽的。

释迦牟尼说过：不论在何时何地何种情状下，一个觉者恒常地处于安详与和乐之中。

有钱时快乐，没有钱时也快乐；有恋人时快乐，没有恋人时也快乐；有名气时快乐，没有名气时也快乐。不为自己的快乐设置任何条件，只要在呼吸，在感觉，就能够快乐。

多事不如少事，好事不如无事

被誉为达摩东来开立禅宗之后的"白衣居士第一人"庞蕴曾经问女儿灵照："怎样领会古人说的'明明百草头，明明祖师意'？"灵照说："你都这么大年纪了，怎么还问这种话？"庞蕴反问："那你到底怎么说呢？"灵照回答："明明百草头，明明祖师意。"一切都是明明白白的。因为一切都是明明白白的，倒不如做个希运禅师说的"无事之人"。

希运禅师上堂讲法的时候，只对大家说："没事了，大家散去吧。"

如果心是澄净的，又会有什么事呢？你自己本来已经具足一切，还需要什么事呢？

南宗禅的从谂（shěn）禅师看到文远在佛堂里礼拜，就用拐杖打了他一下，问："你在干什么？"

文远回答："向佛礼拜。"

从谂又问："礼拜干什么？"

文远回答："礼拜佛是好事情。"

从谂说："好事不如无。"

如果自己的内心没有发生彻底的觉悟，好事可能比坏事更妨碍内心的平静和安详，让你看不清人生的真相，这时，佛又能帮助你什么呢？所以，当后来的禅宗四祖道信请求当时的三祖僧璨教给他解脱法门时，僧璨只是问他："谁束缚着你？"

道信略略沉思，就明白了。

确实，有谁束缚着自己呢？我们本来就是解脱的，本来就是活泼无碍、自由自在的。

许多时候，我们好像置身于绝境，种种的尘世羁绊，毫无摆脱的可能，无法逃避工作，无法逃避家庭，无法逃避你不喜欢的人与事，也无法逃避你不愿意的厄运……然而，当你淡定下来，当你返归到你内在的自性，你就会发现那一张罗网并非坚不可摧，随着你的领悟，一种轻盈，一种灵动的轻盈，把你从压力中提升。

由于领悟带来的发现，生命才可能变得美丽。

而美丽从来就在那里，那些街边的房屋，那些树木、河流，那些茶杯……它们一直在那里，只是我们常常对它们视而不见，没有感触到蕴涵在它们之中的那一种美。我们能够发现美、能够欣赏美的心，也一直在我们自己的深处，本来就在那里，一直都在那里，但不知为什么，我们常常丢失了它。

顺其自然就好，幸福地活在当下

快乐的人之所以永远快乐，并不是因为他的生活特别平顺，而是因为他以坦然、愉快的心境去看待人生的一切，以及他自己遭遇的一切；悲哀的人之所以总是悲哀，并不因为他的生活特别坎坷，而是因为他习惯于以阴暗、抱怨的眼光去对待人世的一切，以及他自己遭遇的一切。

快乐的人对于人生取了一种看风景的姿态，自在从容；悲哀的人对于人生取了一种长跑比赛的姿势，执著劳碌。将人世的一切视作风景，便有忘我的神韵，一切只是花开花落、早晨黄昏、风吹柳絮、雁过天际，顺其自然就好；将生活看成是一场竞赛，便有强烈的自我意识，一切的斤两都要去计较，一切的不如意都要转化成对他人的怨恨、猜疑。

不妨自问：为什么要把生活弄得那么疲累不堪？

很喜欢俞平伯先生一篇文章的题目：人生不过如此。确实，人生就是这个样子，你活着，平平淡淡，但要活得津津有味。没有人能够剥夺你享受生活的权利，因为生命是你自己拥有的。明达的人，哪怕是在牢狱之中，仍能活出一番情趣。

生活本来就是由一连串的琐事构成，我们的生命必须时时加以忍耐，才能得以延续。

但是，如果我们以欣赏湖泊山川的情怀去注视尘世中的是是非非，以仰望星空时的胸襟去处理生活中的形形色色，那么，琐碎的生活不就有了诗意般的安适？让我们像蜜蜂酿造蜂蜜一样，将日常生活酿成一片又一片的风景。

第 3 课　饿了专心吃饭，困了安心睡觉，就是在修心

　　困了就睡，饿了就吃。这是《六祖坛经》开创的禅宗的修行态度。在另外的宗派里，会教导一个很确定的方法，比如你每天什么时候吃饭，吃多少，每天什么时候睡觉，睡多少时间。你每天必须按照规定的时间去吃，去睡，这是一种修行，一种自律。慢慢地，也可以达到一定的境界。

觉悟不是循序渐进，而是豁然开朗

神秀的那首偈把心比作镜子，必须经常拂拭，以免沾上尘埃，所表达的觉悟方法大概是这样的：你必须通过一些戒律、一些修炼的功夫，如坐禅等，使你散乱的心澄定下来，才能获得智慧，从而得到解脱。也就是说，你首先要借助定的修炼，得到智慧，再借助智慧，最终达到觉悟的境界。走向觉悟的途径，是一个渐渐修行的过程。

惠能认为，渐修方法，也就是把定、慧区分开来，会造成"口说善，心不善"，形式与内容相互分离。如果没有心灵上的真正觉悟，那么，禅坐就只是一种形式。

惠能创造性的思想正是在此：通过打坐、诵经并不能通向觉悟的境地，而是倒过来，你首先必须从你自己的心灵深处体悟到空的道理，只有这样，打坐、诵经才是有意义的。

他告诫大家，千万不要把定、慧看作是不同的东西。定发生的时候智慧也同时发生，定与慧并没有先后之分，而是等一的。定与慧的分离是不可思议的。没有智慧的禅定，只是一种坐姿而已；没有禅定的智慧，只是一种空说而已。

这种佛法后来被称为顿悟，惠能的南宗也被称为顿教。许多人把顿悟理解成无需经过修炼立即就觉悟，其实是似是而非的说法。后来亲侍惠能十五年的怀让，对惠能的顿悟有着非常精辟的解释。

据说，唐代著名禅师马祖道一在没有开悟前，有一段时间整天坐禅。怀让禅师看到他，觉得他具有佛法才器，便问他："你这样每天坐禅图的是什么？"

马祖回答："我想成佛。"

怀让不吭声，弯腰拿起一块砖头，到庵前的石板上磨了起来。

马祖很奇怪："您这是在干什么呢？"

怀让说："磨作镜子。"

马祖说："砖块怎能磨成镜子？"

怀让立即引导他："既然砖块不能磨作镜子，那么，坐禅又怎能成佛呢？"

马祖开始疑惑了："那我应当怎么做呢？"怀让说："好比人们驾车，车不前进，应该打车还是打牛呢？"

马祖一下子无以应对。

怀让接着说："你是学习坐禅还是学习坐佛？如果学习坐禅，禅并不是坐或卧；如果学习坐佛，佛也没有固定的形相。在变幻不定的存在中，不要有所取舍；如果你坐佛，其实是在杀佛，因为执著于坐这种外在的形式并不能达到真理。"

马祖听了这番话，如醍醐灌顶，感到了从未有过的清澈。

如果我们的内心没有发生真正的觉悟，只是在那里坐禅、念经，那么就如同要把砖块磨成镜子，完全不可能。

所以，想通过坐禅、念经等形式达到觉悟，在惠能看来，是本末倒置。如果你没有领会到空的境界，只是像无生命的物体，傻傻地坐着，有什么用呢？

惠能的偈说得非常透彻，本来就无一物，本来就没有尘埃，还需要什么定力去抹拭干净呢？

当你领悟到那本来的究竟时，你既在禅定之中也在智慧之中，当你领悟到那本来的究竟，即领悟到空境的那一刹那，你就已经觉悟了，还何须什么坐禅啊、诵经啊这些外在的形式呢？

觉悟不是一个渐渐的过程，而是一种豁然开朗。

禅修是一种生活态度

把定和慧看成不同的东西，很容易造成禅修与日常生活的脱离。人们在禅修的时候，按照佛法去想、去做，但是，一到具体的生活中，就很难控制自己的欲望，嘴上说着佛的道理，心里其实还积淀着贪婪、执著的种子。

惠能之所以强调定慧等一，是希望禅修与日常生活合而为一，或者说，禅修不是一种形式，也不是一种仪式，而是一种生活态度，融汇于日常的任何时刻。

因此，出家与在家，说明不了问题。一个觉悟的人，在家与在寺，都是一个觉悟的人；一个愚昧的人，在家与在寺，都是一个愚昧的人。也就是说，觉悟与否，与你出家还是在家，没有必然的关系。用惠能的话说，如果你在寺庙里却不修行，那么，就好像身处西方佛土却内心邪恶的人一样，实际并不在西方；而在世俗的家里用心修行，就好像身处东方尘世却能自己修行的人一样，实际已经在西方了。

惠能所说的，其实很简单，禅修不能流于形式，而是要回到最根本的点上，首先必须有一种观照，同时，把这种观照化成一种实际的生活。什么叫关照呢？就是你在做什么的时候，你知道自己在做什么。比如，你愤怒了，没有关系，就让自己愤怒好了，没有必要刻意地去压制那种愤怒；但是，你不能完全让愤怒淹没了，你必须看着自己在愤怒，你知道你自己在愤怒，你只是看着那个愤怒，看着那个愤怒突然升起然后慢慢消退。任何情绪都不可怕，任何情绪出现的时候都不必刻意去抗拒。只要有所观照就好，只要你能够看着它就好。任何时候，不论在哪不论做什么，你都在看着自己，你都知道自己在做什么。这样的你，不会困在某种情绪或某个状况里。

因此，他并不号召人们都去坐禅，都去念经，都去寺庙出家，这些在他眼里，只不过是外在的形式，不是根本的东西。你必须要回到那个根本的点上，捕捉到最终究的方法，你才能得到真正的解脱。

真正的解脱，不是在你修行的时候才发生，而是在任何时候，无论睡着还是吃饭，无论遇到逆境还是顺境，你的心都是自在的、解脱的。

一位禅师在山上修炼忍辱功，过来一个人，突然对他说："你去吃屎。"结果，禅师大怒，追着要去打那个人。这个故事来自西藏，说的是同样的道理。如果你不能应对日常中的一切境遇，那么，所谓练功，只是一种短暂的逃避，你的人生并没有彻底改变。

而惠能所要达到的，是我们生命的彻底改变。我们活着，很平凡、很琐碎，但是，我们的心不受任何对象的影响或束缚，没有任何波澜，像水一样平静。

看到地上不干净，佛陀拿起了扫帚

在还没有空调，甚至连电风扇也不太普遍的年代，夏天每到黄昏，总会有人在街边或院子里扫地、洒水，然后，一天的暑热与灰尘都好像随着太阳消失了。再然后，就有许多人端着桌子、凳子走出自己的家门，在清扫过了的空地上吃饭、纳凉。因而，在那时候的夏天，当有人开始扫地洒水时，人们就会有欣喜之感，因为炎热之后的清凉就要来临了。

后来，有了空调、电风扇、吸尘器，在许许多多的庙宇里，仍然常常可以见到僧侣们，在清晨、中午、黄昏，甚至随时随地，从从容容地扫地、洒水，所以，无论何时，在庙宇里，人们总是感到置身于一种洁净的氛围里。

从前的小城里，每天凌晨，总是从朦胧的街上，依稀传来扫地洒水的声音。现在的城市里，清洁工人好像喜欢在日间打扫街道，他们大大咧咧的动作常常弄得满街尘土飞扬，行人一个个掩鼻而过。而洒水车有点横冲直撞的架势，它一经过，行人就要往两边逃窜。这让人怀念起从前，那时候，每天一出门，就发现昨天回家时还肮脏的街道已经变得清洁了，当人们还在梦中的时候，清洁工人就把它清扫干净了。然后，因为这每天清晨的洁净，人们会觉得每天都是新的。

记忆里有没有一个或几个扫地洒水的身影？黄昏、清晨，无论在乡间，还是城市，无论在庙宇，还是在俗世，扫地洒水的姿势总是让人心生欢喜。

例如在山间小道上清扫落叶的人、扫雪的人等等，遇见了，总给人一种清洁与安宁的欢喜。

你有没有每天回家后扫扫自家的庭院？

如果没有庭院，有没有掸一掸桌子上、书架上、阳台上的灰尘？有没有在公园或大街，随手拾起地上的垃圾，把它们放到垃圾箱里？

这些举手之劳常常被我们忽略了。其实就像张爱玲所说的，杂事里有着很深的愉悦。我们每天为着所谓的人生目标努力，埋头工作，不愿意为日常杂事付出一点点的时间，然而，有一天，当我们静下心来，扫扫地，洒洒水，也许会发现，隐藏于日常杂事间的，是深微的恒常。一位一直埋首书斋的学者，偶尔去厨房洗菜、做饭，事后他说：

那过程中有一种很美的韵味。

释迦牟尼佛在狮多林的时候，看到地上不干净，就执起扫帚打扫。扫完后，他对弟子们说："凡扫地者，有五胜利，一者自心清净，二者令他心净，三者诸天欢喜，四者植端正业，五者命终之后当生天上。"我们不一定企求往生天上，但我们都希望有一个清洁的世界，到处是清洁的人心与清洁的事物，因而，在你生命的每一个时刻，都不要忘了扫扫地、洒洒水。

生命的大欢喜，涵蕴在扫扫地、洒洒水这样看似琐碎却包藏着善与美的因子的日常杂事中。

告别怀才不遇的烦闷

说到杂事,还记不记得坛经开始的时候,惠能讲自己到弘忍那里去求法。弘忍初见惠能,就对他这个南蛮子有所不屑,却不想惠能讲了一番佛性不分南北的道理,深得弘忍的心。但弘忍并没有安排惠能去做什么主管之类,而是安排他打杂,而且一打就打了好久。关键是惠能并不觉得有什么问题,就像他从前打柴一样,既然做了,就只是做好眼前的事。如果是你我,也许会不满,为什么让我打杂呢?为什么我做了那么久还不提拔我呢?

对惠能而言,他从不忌讳展示自己的见识和才华,就像花要盛开一样。但是,他也不觉得自己有什么才华一定要别人重视,一定要别人重用自己。完全没有,他只是随遇而安;打柴的时候,他只是好好地做一个樵夫,他只是从打柴这件事里享受生活的乐趣。不是吗?上山打柴或者送柴到别人家里,是小的微不足道的事情,但再小的事情,也不会妨碍你看看沿途的风景,也不会阻碍你感受季节的变幻,不会阻碍你去体验人情世故。到了弘忍的寺庙,为着修行佛法而来,弘忍却让自己打杂,惠能也没有任何质疑或不满,打杂就打杂,打杂有打杂的乐趣,打杂有打杂带来的感悟。

其实,世界上的事,并没有什么大小,只是社会分别了大小,只是我们自己分别了大小。然后,我们总是渴望着要做大事,不愿意去做小事。然而,这个世界上大事很少,遍地是小事;很少的大事,其实也是小事累积而成。如果不愿意做小事,就往往失落,往往觉得自己怀才不遇。觉得怀才不遇,就很郁闷。郁闷了,就觉得这个世界好像总是和自己过不去。

一旦我们把希望寄托在别人身上,一旦我们寄希望于别人来重视自己,那么,我们就是把自己的生活交给了别人。别人是我们没有办法控制的,我们能够控制的只是我们自己,因此,我们应当学习着把生活交给自己,把自己的生活控制在自己可以控制的范围内,那么,你就不会担心,不会恐惧,不会再有怀才不遇的郁闷,你只是安心做你自己能够做的,而不关心别人怎么对待自己。

经常看到网上有人在说:幸福就是你敲门的时候有人为你开门。如果你这样想的话,你期待的那个幸福是在别人手上;你的幸福取决于别人的心情如何。

不妨把幸福看作是:当别人敲门的时候你为他(她)开门,那这个幸福就在你自己手上。别人敲门了,你去开门,这是很小的事,生活里每天都是这样无数的微小的事,如果你安心于这样的事,安心于做一点小而美的事,那么,你的幸福,你的命运,都在自己的手上,还有什么值得你忧虑的呢?又怎么会有怀才不遇的郁闷?

跳出思维的陷阱

有一次,灵祐禅师①问智闲②:"我不问你的学问,只想问你,你没有出生、不辨东西时的本来面目是什么,用一句话说说看。"这个问题其实就是惠能"哪个是明上座本来面目"的变体,问者的目的和旨趣是一样的,都是要把人带向终极性的澄明境界。但智闲显然从未思考过这样的问题,想了半天,说了几句不着边际的话,得不到灵祐的认可。智闲只好请求说:"请和尚为我说说吧。"

灵祐说:"我说了只不过是我的见解,对你的认识并没有什么益处。"

智闲回到房间,把以前收集的各地禅林的语录都翻阅了一遍,却找不出一句话可以应对。他感到完全绝望,便把这些语录都烧了,并发誓今生不学佛法,做个行脚的粥饭僧算了。于是,他哭着告别灵祐,去了南阳慧忠国师的遗迹处,住了下来。

有一天,智闲在山中割除草木,用瓦片碎石掷击竹子,发出清脆的声音,使他内心所思所想瞬间消散。哑然失笑间,他恍然醒悟,明白灵祐的苦心。如果当时灵祐真的说了,又哪会有今天听到石击竹子的声音而发生的领悟呢?

禅师永远不告诉你答案,因为答案必须你自己去领悟,而

---

① 沩仰宗的创始人。
② 灵祐禅师的继承人。

且,不是靠读书去领悟,而是从平常的生活中去领悟。

几乎所有禅师的觉悟,都源于生活中的某些微不足道的细节。其实,当生命处于饱满的状态,真正地活着之时,关于意义,关于真理,是无须讨论的,只有在平实的行动中,意义才能显现。

还是那个智闲,提过一个非常有意思的假设:"如果有人在千尺悬崖,口里咬着树枝,脚没有地方可以踩踏,手没有地方可以攀附,忽然有人问他:什么是祖师西来意?如果他开口,就会丧失性命,如果不回答,又违逆那人的提问。这个时候该怎么办?"当时有个和尚走出来反问道:"上树的时候就不问,没有上树的时候怎样呢?"

智闲听了,笑笑,没有出声。智闲假定在一个绝境里人怎么回答"佛祖西来意"。怎么办?回答会死掉,不回答好像又不礼貌。好像逼到了一个死角,你怎么回答都是有问题的。

也许智闲所要指引的是恰恰是不能回答,让你放弃回答。那个和尚明白这是不能回答的,所以说上树的时候就不问。这是一个聪明的回答,答而不答。既然他在树上,为什么要去问他祖师西来意呢?祖师西来和他有什么关系呢?他只要好好在树上就咬住树枝叶自己找到下来的办法就可以了。但这个聪明的和尚忍不住还是问了一句:没有上树的时候怎么样?

智闲笑笑。确实,他只能笑笑,他能说什么呢?就算不在树上,祖师西来和你有什么关系呢?你自己的事跟祖师西来意有什么关系呢?

面对不想做又必须要做的事,如何调整情绪

一些人一辈子浮在生活的面上,他们不断地寻求着什么,有时候也悟到了什么,然而,永远不愿安安静静地沉下来,全身心地去做一件事、去完成一个过程。

不必等到明天,甚至不必等到下一刻,你现在就可以走出房间,沿着林中的小路,去享受月色与夜的清静,或者,就在房间里,你可以抹去桌上的灰尘,坐下来写一封一直想写却总被杂务耽搁的信,你可以打开音响听一首一直想听的乐曲,也可以躺在地板上,什么都不做……

你可以做一切,或者,一切都不做。但是,你必须在做或不做之中成为你自己,而不是相反,在做或不做之中剥离了自己。

不要让自己生活在戏论(佛教语,指违背真理,不能增进善法而无意义的言论)的境地。意识到这不是自己所要求的生活,知道自己应当如何生活,却仍然年复一年地陷于自己所厌恶的事务里。一位哲学家甚至觉得"大家所努力的、所用心的、所做的都是不重要的事,都在把那些不重要的事拿来当作重要的事做。"

很多人非常厌恶自己当下不得不做的工作,却总想着:做完这一件就赶紧结束,去做我自己喜欢的事。然而,做完了这一件,还会有另一件,没完没了。最后终于明白,不能等待,

如果已经觉悟，哪怕手头上有成堆的工作，也要毫不犹豫地丢弃。当年弘一法师就是如此，当他明白了人生的究竟，就不再有丝毫的留恋，立即了却尘缘，出家修行。

生命十分短暂。在夜深人静之际，不妨算算有多少时间可以供自己自由自在地做事、思考。

常识一定是对的吗

对于常识,我们常常不假思索地加以接受,如果我们进一步探究,就会发现常识可能包含着许多谬误,至少,常识可能阻碍了我们的视野。

牛头宗的慧忠禅师有一次故意提了一个常识性的问题:"城外的草是什么颜色?"被问者马上回答:"黄色。"

慧忠立即叫来一个小童子,问了他同样的问题。小童回答:"黄色。"

于是,慧忠对那些被问者说:"你们都是解经解论的座主,见识怎么同小孩子一样?"那些人反问慧忠:"那么,城外的草到底是什么颜色?"慧忠反问了一句:"看见天上的鸟了吗?"那些人说:"您说得不着边际,请教导怎样理解才对?"慧忠却叫唤道:"座主,向前来!"那些人一齐上前,慧忠见他们没有领会,便笑笑说:"你们先回去,改天再来吧。"

第二天,那些人又去请教慧忠,希望他能解说昨天的问题,慧忠告诉他们:"领悟了就是领悟了,如果没有领悟,纵然解说出来,也还是不领悟。"

在此,慧忠是想引导那些人越过常识,把握到更深远的实在。城外的草现在当然是黄色的,但到了春天,又是什么颜色呢?天上的鸟,飞过后留下了什么踪迹呢?沿着这样的思路,最终能感悟到空性的意义，但那些座主们钻牛角尖，不能跳出来，因而也就不得觉悟。

说到草，想起另外一则公案。

有一次，洞山和尚门下的一位僧人去访问庆诸禅师，庆诸问那僧人："洞山和尚有什么言语告示你们呢？"僧人说："夏安居结束后，和尚上堂说：秋初夏末，兄弟们有的往东去，有的往西去，只要往万里无草的地方去就行了。过了一会儿，和尚又问：只是万里无草的地方怎么去呢？"

庆诸问："有人应答了吗？"僧人说："没有。"庆诸说："为什么不回答：'出门就是草'？"

庆诸的意思是清楚的，当心向外追逐时，就处于杂草丛生中了，如果心守于自性，那么，门槛就消失了，一跨步，就是万里无寸草的地方，又何须向东向西？

惠能的独特智慧

先天元年（公元712年）七月六日。惠能派弟子去新州国恩寺建造报恩塔，有一个叫方辩的四川和尚前来拜见，自我介绍说善于塑造人像。惠能说，那么你塑塑看吧。方辩不明白其中的禅机，真的动手捏造了惠能的人像，非常逼真。惠能看了以后，淡淡地说：你善于领会塑性，却不善于领悟佛性。就送了一些衣物作为报酬，方辩礼谢而去。

惠能给了方辩一个契机，然而，他错过了。

当惠能说塑塑看，其实是想引导他进入一个问题，然后从那个问题中觉悟。

人能够被塑造出来吗？人的本性能够被塑造出来吗？外形的逼真是否就是那一个人呢？方辩却以为这是一句普通的话，是让他去干活，真的去泥塑，而且，他还塑得很像。但惠能认为他不通佛性，把他打发走了。

在此，惠能开创了一种独特的教育方法，不是在讲堂上长篇累牍地讲解经义，而是抓住日常生活里的某个情景，突然点拨，刹那间唤起徒弟的悟性。这需要一个优秀的、善于启发的师父，同时，也需要一个能够领悟的徒弟。

第4课　你不要刻意控制念头，也不要被念头牵着走

　　回到自己的心，让自己的心清净下来，是禅的目标。然而，惠能还认为，要达到这个目标，你必须不把这个作为目标。如果你坐禅的时候，刻意要回到自己的心，刻意要清净，那么，你同样被系缚住了。被清净系缚住，与被烦恼系缚住，其实是一样的，都是烦恼。

两种不同的觉悟方法

惠能在世的年代，所谓顿、渐的区分，并非对立的，只不过是两种不同的觉悟方法。惠能并没有否定渐的修炼，他反对的只是流于形式的修炼。所以，他说：佛法没有顿、渐的分别，但是，人确实有敏锐、愚钝的差异。因此，如果遇到愚钝的人，那么，就用渐修的方法劝导他，如果遇到敏锐的人，就可以用顿悟的方法。

从根本上讲，如果觉悟了，就没有什么差别；如果没有觉悟，那么，无论你打坐、冥想，都没有用，仍然在生死烦恼间轮回。所以，惠能特别强调，不论顿悟的方法，还是渐修的方法，只要是佛法，都是以无念为宗、无相为体、无住为本。

所谓无相，当然不是没有了形相，形相就如此地存在于那里，怎么可能没有呢？

风在吹，幡在飘摇，你不可能视而不见，也就是说，你在感觉上并不能消除它们。但是，你可以主宰你自己的态度，你可以用一种空无的态度去看待它们，它们就会变得在那里又不在那里，不对你的心境造成一丝的扰乱。

这就是无相，感觉到了形相，同时又超越了形相。形相本身就在那里，风在吹，幡在飘，你无法控制，但是，看待它们的态度是你可以决定的，是喜悦还是愤怒，是你自己决定的。同样是风吹，对于这个人而言，是扰乱；对于那个人而言，是平静。因而，无相的达成，并不是我们借助某种力量去消除外在的形相。这不能最终解决问题。

比如，为了摆脱夏天的炎热，我们发明了空调，但是，实际的后果是，我们获得了室内的清凉，却使得外面广大的空间越来越炎热。如果你的心是平静的，无论怎样的天气，都是一种自然的享受。因此，如果你具备了一种无住的心态，也就是自在无碍的心态，那么，风无论怎样动，幡无论怎样动，都不会扰乱你的心，你的心仍然按它的本性在动。

于是，终极的问题来了：如何达到无住的心灵状态呢？或者说得再明白一点，如何觉悟呢？

惠能的答案是：无念。

无念字面上的意思给人一种误解，以为是没有念头。然而，人怎么可能没有念头呢？只有死亡的人才没有念头。只要生命还在，念头就不会停止。也就是说，我们的心总是在动，关键看你如何动。迷妄的人看到外在的形相，就会产生妄念，例如看到一个美女，就想着去追求、占有，于是，就引出一系列的烦恼。无念的方法是，你看到了，你在想，同时，你并没有看到，也没有在想。你的心觉知到了事物，但不会停留在任何事物之上，不会被任何事物所系缚。

你的心始终在动，同时，始终停留在自己的本性上。

普通人如何去除分别心

怎样才能看到了又没有看到，想了又没有想？惠能的答案是，只要你不起分别心，你就可以做到。用他自己的话说：无者无何事，念者念何物？无者离二相诸尘劳；念者念真如本性。无并非真的没有，只是没有掉那些引起我们烦恼的二元分别相，念头是必然有的，但只能有真如本性的念头。

后来，神会这样解释无念：不念有无，不念善恶。这应该是契合惠能的本意的。所谓无念，其实就是"不起分别心"，或者说，就是当下即是的直观。当我们面对一种事物，我们当下的观照是：它是一种事物，同时又不是这一种事物。既不肯定，也不否定。思想处于最饱满的那一点上，既蕴涵着未分别前的情状，又包容了分别的过程及完成后的清澈。

如果你超越了美丑的分别，那么，你就不会受到一个美女的迷惑，你会觉得她的美，同时你又会觉得这不是美。她就不过一个女子，一个生命，一个众生。如果你超越了冷热的分别，当然就不会烦躁于某一天的炎热，你会觉得很热，同时又会觉得这不过一种炎热，不过一种状态，一种感觉。

冰心有一篇小说《分》，讲的是妇婴医院常见的现象，刚刚出生的小婴儿赤条条的，并没有什么分别，但是，到了出院那一天，有的进了富贵之家，有的进了贫穷之家，从此就有了身份、地位等等的分别。

有一次，灵祐禅师叫唤院主，院主应声而答。禅师却责怪他说："我叫的是院主，你来干什么？"是的，叫的是院主，你来干什么呢？

本来，大家都是人，都是赤条条而来，最终赤条条而去，哪有什么贵贱之分？看着周围的面影：科长、局长、门房、拾荒者、富人、穷人、上流社会、下流社会、男人、女人……想一想：未有这样分别之前的世界是怎样的？

透过这千姿百态的身份、容貌、肤色，如果你凝神观看，看到的是生命本身，看到的是来自同一个源头的生命本身。

门外行走着许许多多的人，他们穿着不同的服饰，他们拥有着不同的地位，有的正步态从容地跨进轿车，有的正在捡别人丢下的食物……

你看见了这些，然而，并没有看见这些，看见的只是生命在那一刻的生动姿势，来自身体线条的简单韵律。在那么一种天气，那么一个地方，有那么一些生命在呈现，那里面或许有悲哀与喜悦，或许有……但在最终极的点上，他们都只是一种生命的姿态，无所谓喜与悲，无所谓好与坏。

虚妄的源头在哪里

空手把锄头，步行骑水牛。
人在桥上过，桥流水不流。

这是傅大士（中国维摩禅祖师）的诗作。日本现代著名禅学思想家铃木大拙认为这是对《金刚经》中"佛说般若波罗蜜即非般若波罗蜜，是名般若波罗蜜"的通俗化解释。空手怎么能把住锄头？步行怎么能骑水牛？而桥怎么能流，水反而不流了？好像是痴人在呓语。

然而，当你静下来，细细体味，你就会慢慢领悟到，这样的呓语或胡思乱想，其实为我们揭开了另外一个世界，一个更为本真的世界：没有逻辑、没有分别的世界。

当你感觉到空手把锄头，感觉到桥流水不流，你就会真正地涌现一种禅的喜悦，因为你抓住了一种最透彻的自在，一切的围墙、界限都骤然消失，你正徜徉在无边的旷野，你的视线没有尽头，你所处的位置既不在东也不在西，既不是南也不是北，也就是说，你和环境，你和存在，融为一体。

由此，我们也许会明白到禅宗式的问答方式所包含的意义。禅师们常常蛮横地棒喝，或者莫名其妙地重复对方的问话，或者不说一句就走开。这些举止就像傅大士的诗，十分怪诞，然而，目的却是清晰的：将发问者从逻辑推理的思维状态里拉回来，回到当下，回到生命本身的直接感受。

许多徒弟会问：什么是佛法大义？什么是空无等等。但是，他们从来得不到确切的正面回答。并非他们的师父不能解答，他们完全有能力按照经书上的解释条分缕析，但他们不愿意这样，因为在他们看来，如果他们这样的话，就会让徒弟们离真实的世界更远。

所以，当有人问：什么是佛法大义？马祖道一的法嗣继承人法常禅师就回答：蒲华柳絮，竹针麻线。而马祖的回答更为奇特，他对提问者说：小声一点，走近来我向你说。提问者真的走近他，他却猛地打了提问者一巴掌，说：人多不便说话，你先回去，明天再来。第二天，提问者独自一人进了法堂，说：请您为我解释。马祖回答：你先回去，等我上堂时再出来问，我会给你引证。

杭州灵隐寺的清耸禅师的答案是：雪落茫茫。他还附了一首偈：摩诃般若，非取非舍；若人不会，风寒雪下。

无论马祖的巴掌、戏弄，还是法常、清耸的具体意象，都是要切断提问者的思路，质疑问题的本身。对于问题的追索是徒劳的，而且，对于"佛性"、"空无"之类的追索，在惠能看来，恰恰是分别心的作用。他说：不明白本性的纯净，却起了心要去追问、求索它，徒然使心变得僵直，徒然产生了纯净与虚妄的分别。虚妄从何而来？并非虚妄有一个自己的来处，它就是从分别心来的。因此，起了纯净与虚妄之分的心念就是虚妄的源头，起了心念要追求清净已经是虚妄了。

每次发脾气前,都是你改善心境的最好时机

如何做到不起分别心?改变我们的视点是一种有效的方法。眼睛让我们看到事情,同时又限制了我们对事物的观察;它是光明,又是黑暗。我们习惯于把自己所见的认作是真实的,正如俗语所说:眼见为实。我现在看到桌子、手表、台灯,它们当然存在,就在眼前,而且可以触摸,但是,它们并不只是这样的。如果换了其他人,他所看到的虽然同样是桌子、手表、台灯,但一定与我见到后所描述的不同。每个人有每个人的视界。

当我们摆脱自己的视点,站在别人的视点重新看同一事物,就会发现原来并不像自己看到的或想象的那样。

能不能同时用不同的视点来观照同一事物呢?也许不能,但当我们做这样的假设并沉思时,我们已经在慢慢接近事物的本来样子。至少,我们明白,个人的"看"只不过是一种角度,如果这个角度是圆的,对象就是圆的;如果这个角度是方的,对象就是方的。而对象本身无所谓方与圆,它就在那儿,说而不说,它成为什么完全取决于感应的发生。在某种意义上,它存在于感觉的投射,只有某种感觉投射时,它才变得有形状、有温度、有质地。

人世间的争吵大抵起因于自我无法挣脱个人偏曲的私见,把一己之见当作全部的真相,因而容不得别人,或者,缺乏同

情心。这种私见也束缚了生命的展开，让生命在烦恼的轮转中盲目地耗尽宝贵资源。

有个有效的实用方法：当我们愤怒或要发脾气时，如果尝试着从别人的角度去想一下，往往就会压抑情绪，甚至会变得心平气和，这时你会发现人际关系得以改善。

再进一步，让我们不仅体会他人的视角，而且去体会与人同时生存着的其他生物的视角。如果世上没有人，只有小猫、小狗、大象、老虎……它们眼中的世界又是怎样的？

再往深处想，如果连生物都不存在，也就是说，没有任何的"视点"，这个世界又是怎样的呢？难道因为没有东西去感应它，它就不存在吗？如果它在，那它又是怎样的？

观世音菩萨想到了任何"视点"退隐，事物回复到本来样子的情景，这时，他领悟到：一切的事物都是空的。当他传送这样的领悟时，就把我们从暂时的、纷扰的人世一下子牵引到浩茫的、无边无际的太空，他让我们观看，但不用眼睛，不借助任何方向，而是用心，从任何方向去观看。

这时，你看到的是存在，是不起分别的整体，一方面变幻无穷，另一方面又凝定恒在。

盲眼老人过独木桥的启示

有一次,剑术高手反町无格走入深山,到了断崖边。有一条狭窄的独木桥通向对面的山峰,桥下是万丈深渊。他试着走了几步,感到头晕目眩,心惊肉跳,又退回原地。这时,一位盲眼的老人拄着木杖缓缓而来,到了桥边,毫不犹豫地走上去,步态从容,一直走到了对面。

反町无格看着这位老人的身影,突然得到一种启示:当一个人对外界的一切视而不见,甚至根本不去看的时候,才能尽情发挥自我。于是,他把剑插在背后,闭着眼睛,坦然走上独木桥。桥下的万丈深渊不见了,只是一片澄明的心境,他安然走到对面。从这一次的经验中,无格又悟出了一个剑术道理:在格斗中,剑手的眼睛其实是一大障碍。剑道的极致在于"无眼",不受眼睛所接触到的信息影响,而心无所碍地发挥自己的技能。

当科学家将花生装在玻璃瓶内,放到猴子的面前,猴子会立即盯住花生,乱抓乱摇,却始终开不了瓶子,因为它的眼睛只盯住花生,失去了冷静。

许多时候,当我们越过眼前的那一点,去看更远处的白云、山川时,我们就能不受任何羁绊;当我们离开眼前的那一点,从远处远远地观望过来,就能发现解决的门道。

根本上,我们眼见的一切,全是虚妄,一方面因为不同的视界，而有不同的风姿，另一方面因为时间的流逝它们时时刻刻在变化，在消失。然而，我们的心所见到的一切，却不会改变。

如果你用心灵去观看，就会觉知到荣华的背后其实是荒凉，荒凉的背后其实是荣华，也就会觉知到福与祸的奇妙转换，因而，肯定不会迷惑于眼前的形色，不会因为眼前的所得而喜悦，也不会因为眼前的所失而悲哀。因为你的心灵已经抵达了那形色的最深处，在那最深处，你能够见到什么呢？什么也没有，但你已经什么都见到了。

什么都已见到，对于眼前的一切，当然是见而不见。完全视而不见，有点造作，完全见其所见，有点愚昧。见到了，就见到了，该怎么样就怎么样。就像那位走在独木桥上的瞎眼老人一样，从从容容地行走在人世。

什么都已见到，眼前还会有什么可以令我们惧怕呢？只要你稍稍将视线从眼前的那一点移开，内心的许多不安、焦虑、抑郁，都会烟消云散。当你每天在办公室里明争暗斗时，有没有偶尔抬起头来，发现窗外有一抹远山若隐若现，或者，有一片云彩刚好飘过？

世事多变，随遇而安

小时候，爬在高高的窗台上，悠然地看着脚下的行人；长大了，反而不敢再爬上去，更不敢往下面看一眼，因为懂得了害怕，懂得了摔下去会跌死。

许多事情都是这样的，当我们懂得了规矩，懂得了分别以后，往往不能做好，而且，烦恼就开始了。

有个人，他每天睡觉都是倒下就睡，从未想过以怎样的姿势睡最好。有一天，有人告诉他，像他这样的身体状况，应当如何睡。从那一天开始，他就再也没有睡安稳过，因为一睡下来，就在考虑往左还是往右，右手是放在上面还是下面，诸如此类。

终于有一天，他忍无可忍，说：去他的睡姿，我想怎么睡就怎么睡。从此他又能倒头就睡，一觉睡到天亮。

你不要刻意控制念头，也不要被念头牵着走

再来说说坐禅。如果你摆出一副架势，说，我要坐禅了，我要回到自己的心，我要达到清净的境界，听起来似乎没有什么不对。

惠能不是一直强调要回到自己的心吗？不是一直强调要让自己的心清净下来吗？确实，回到自己的心，让自己的心清净下来，是禅的目标。然而，惠能还认为，要达到这个目标，你必须不把这个作为目标。如果你坐禅的时候，刻意要回到自己的心，刻意要清净，那么，你同样被系缚住了。被清净系缚住，与被烦恼系缚住，其实是一样的，都是烦恼。

就像失眠的时候，如果你想着那些烦恼或兴奋的事情，当然会加重失眠，但是，如果你一心想着要睡觉，一心求着自己快快睡，也多半不会成功，同样睡不着。有效的方法也许是：既不去想睡不着，也不去想要睡着。忘掉睡眠这件事，就在此时此刻，你活着，你在想，无所谓睡，也无所谓不睡。保持一种没有目的的状态，一种生命自然流转的状态。睡得着也好，睡不着也好，都没有什么所谓。你拥有此时此刻，很平和，很充实。

这是一种真正的超越。惠能指示了一条终极的解脱道路，你必须摆脱一切的"妄心"。所谓"妄心"，就是想着要达到一个什么目标，或者，做出一种判断。不论你想着要达到什么

目标，不论你做出什么判断，都是你成佛的阻碍。对于清净的追求，就为清净所奴役；对于心的寻求，就为心所奴役。在某种程度上，这与为钱所奴役是一样的。

所以，惠能对于坐禅的解释是：一切自在无碍，一切的现象都不至引起妄念，叫坐；显现自己的本性而不迷乱，叫禅。这样一来，坐禅和坐还有什么关系呢？坐不坐并不关键，关键是你面对外在事相时，能否具有自由的心态。

自由的心态，在于你在每个此时此刻，都不起分别的心念。在每个此时此刻，任由生命盛开，就像草木一样，无目的地、全然地生长。

改善人际关系的必修课

在公共场所，到处可以见到一些人聚集在一起，高谈阔论，指点江山，然而，说的尽是一些不着边际的话。早在几千年前，孔子就批评过：群居终日，言不及义。当有人问到：如何成为一个君子？孔子回答：只要慢慢地说话就可以了。显然，在孔子的眼里，说话不只是说话那么简单，说话其实折射了我们内心的状态。慢慢地说话，当然是一种策略和技巧，但更多的，是一种格调和境界。至少意味着：从容不迫的优雅，不急于表现的含蓄，不急于评价的稳重。

禅宗给人的感觉是鼓吹沉默。仿佛什么话都不说就是禅了，就是得道了。如果是这样，哑巴和傻子就是最具智慧的人了。

实际上，无论道家还是儒家、佛家，都不排斥说话，关键是说什么以及如何说的问题。说什么呢？你可以说今天天气真好，也可以说今天天气真坏。但有些话我们可以说，有些话我们不能说。

不同的场合要说不同的话，这是文明的规则。野蛮人基本上不说话，所以不存在什么可以说什么不可以说的问题。至于如何说，就是同一件事情，用不同的说法，效果完全不一样。归根结底，说什么和如何说，都是要达到好的效果。所谓好的效果，就是别人听了以后感到愉快，感到清爽和平静。用一句老话来说，就是让人有如沐春风的感觉。

风轻轻吹拂而过，好像留下了什么，又好像什么也没有留下。好的话就如春风，但好话不等于谀词，阿谀奉承的话引起的并非愉悦，而是厌恶。

生活中琐屑的言辞飞来飞去，张家长李家短，引起不安和紧张，乃至烦恼、痛苦。对于说者本人，以及听者，其实都是伤害。我们既不能像哑巴一样不说，又不能像长舌妇那样乱说。说什么和如何说的技巧在哪里呢？许多所谓的培训课程在教人怎样把话说好，一大堆的技巧在我看来并不重要，重要的是我们的心态。

说话不是外在的东西，而是非常内在的东西。你是什么样的人就说什么样的话，你有什么样的想法就说什么样的话。这是一定的。所以，还是要回到内心。否则，学了一堆技巧，终究只是花架子，中看不中用。

一个人要说好话，在惠能看来，只要做到"不见一切人过患"就可以了，如果不见一切人过患，那么，一开口就不会说人是非了。不见一切人过患，实际上是一种哲学的修为，虽为日常小事，其实包含着不起分别心而达成的慈悲情怀。

当以一种不起分别的心观看人我的世界，对于一切你所喜欢的和厌恶的，就都会宽容地、平等地对待。你的言辞，就真的会变成一种韵律上的轻柔，就像我们走过熟睡中的孩子，会放慢脚步，柔和语音，因为那时候，我们内心充满爱和关心。

你可以试试和花朵聊天

放眼望去,你见到了什么?

天空,大地,街道,人群,树林……这些就在你的眼前。

当你开口,为什么不谈谈这些呢?谈谈你在路上见到的那个小乞丐的脸,谈谈对面马路上的那棵榕树有多少片叶子,谈谈今天你从一本书里读到一句有趣的话,还可以谈谈……天地多么广阔,你的谈资也是如此广阔。

但是,当我们开口,我们何以总是要纠缠到自己,何以总是要纠缠到人我的区分以及是非的评判?鲁迅说:当我开口,我感到空虚。这是一个文学家的透彻。空虚的进一步,应该是豁达,而不是悲观。

当你开口,你要放弃"我"这个主语,这是一个障碍,一个负面的词语。把你引向封闭和烦恼。在真正的言说里,没有人称。云淡风轻。

语词很重,又很轻盈,是那种不执著和不粘滞的轻盈。佛最后说:我说了吗?我其实什么也没有说。法就在那里,静静地在那里。你不必开口,你也可以开口。重要的是无论开口或沉默,你的心都在倾听。如此而已。我想,如果可以用"我"这个词语的话,那"我"就只是在路上,"我"所要告诉你的,只是关于找寻的故事,找寻出口,找寻道路。

如此而已。

当然，连找寻也是徒劳的。为什么要找寻呢？为什么要苦苦地找寻呢？你能够找到什么呢？你找到了你所要找寻的，又会怎么样呢？因而，我能够用"我"这个主语告诉你的，只是我并没什么东西能够告诉你。

如果我正在说话，那个说话的人并不是我，而是空气或者阳光或者雨点。已经很久没有听到雨落在瓦上和树叶上的声音了，如果你安静下来，你可以和雨点和树叶聊天，可以和夜色里的花朵聊天。

是一种自然而然的发声。

你的说话也可以如此。为什么一定要想着说服别人？为什么一定要想着让别人了解自己？当话音从你的舌尖上流出，应当像水流过草地一样，风吹过树梢一样。

好吧，现在就坐下来，就在此地，就这么一些人，就这样坐下来，都很安静，有人开始在说，不知道谁在说，我们说了很多，但没有人感到语词的压力，在语音的逶迤里，就像在春天的风里。

第 5 课　摆脱抑郁的方便法门

最简单的，试试坐下来，自己慢慢读读佛经，或者抄写佛经，比如《金刚经》、比如《法华经》，慢慢地读，慢慢地抄写，一字一字地读，一字一字地抄。即使你不了解经文的意义，也没有关系，只要安静地读、写就可以了。佛经流传了千百年，经文里积淀着一些信息，会不知不觉地影响你。

恶念头，毁你千年善缘；
善念头，消你千年恶缘

皈依佛，要供养佛、法、僧三宝。佛是一个外在的偶像吗？或者是一个神吗？法是佛经吗？僧就是和尚尼姑吗？

惠能解释说：佛，就是觉的意思；法，就是正的意思；僧，就是净的意思。又说，佛经中只说皈依佛，没有说皈依他佛。

也就是说，不存在一个外在的偶像或神灵，供我们去膜拜，而是要回到我们自己的身上，从我们的自性中去发现佛。佛在我们的自性中，所以，我们要把自己的生命交给自己，我们安身立命的所在就在我们自己的身上。

所以，惠能才会说：从我们自己的色身上皈依清净法身佛，从我们自己的色身上皈依千百亿化身佛，从我们自己的色身上皈依当来圆满报身佛。于是，又回到了我们自己的心。所谓皈依，变成了我们如何回到自己的心，以及我们的心如何"动"的问题。

皈依清净法身佛，变成了这样一个心理问题：你想什么，就会做什么。用惠能的话说，当你想着恶事的时候，就会引发恶行；当你想着善事的时候，就会引发善行。因此，所谓皈依清净法身佛，就是去除"不善心及不善行"。

再进一步，你想什么，就会变成什么。满脑子罪恶的想法，你的处境就变成了地狱；满脑子良善的想法，你的处境就变成了天堂；有害的行为使你变成畜生；慈悲的行为使你变成菩萨。以次推及。因而，我们要自己度化自己，这是千百亿化身佛的意思。你的所想所为，决定了你生命的形姿。

最终，你的来生都决定于你当下的所想所为。一个恶的念头，可以把你积了千年的善缘毁灭掉，而一个善的念头，可以消灭你千年的恶缘。这就是当来圆满报身佛。皈依当来圆满报身佛，就是要自己觉悟、自己修行。

皈依佛，最终仍是皈依自己，皈依自己的本性。

觉悟即佛圣，迷惘则庸众

偶像是我们心造的幻影。人们创造偶像，只是为了求得一种保护。每天口念"菩萨保佑，菩萨保佑"，菩萨真的能保佑吗？如果这样念一念就能保佑，那么，岂不是人人可以得到保佑，世界上再无痛苦、不幸？而事实上，世界从未停止过苦难。

如果需要心诚才能灵验，那么，并不是菩萨保佑了你，而是你的心保佑了你。

达摩说的"廓然无圣"，惠能说的"皈依自性三宝"，非常简单，然而意蕴深远，刹那间打开了我们的心窗。并没有什么佛圣，并没有什么偶像，如果你觉悟了，你自己就是佛圣，如果你迷妄了，你自己就是庸众。当你深深地凝视这个世界，那有形的色相，其实都有着共同的本性，只不过不同的因缘，不同的觉悟程度，造成了形相的差异。

归根结底，哪有什么伟大与平凡的差异呢？

偶像一旦成为偶像，就只是一种形式或仪式，他原本具备的生动性与复杂性就全部被剥离了，例如孔子，例如释迦牟尼等等，原来他们都是人，有血有肉的人，正是因为他们的烦恼，他们的茫然，使得他们更具魅力。而一旦被塑造成偶像摆放在庙堂里，他们生命本身的光与色就全然消失了，只剩下枯竭的躯体。

所以，丹霞天然禅师（唐代禅僧，法号天然）曾经巧妙地告诉别人，从木制的佛像里找不到佛骨。那是一个寒冷的冬天，天然禅师为了取暖，拆下了佛像来焚烧。寺里的主人觉得他太不像话了，出言讥讽他，他就说："我焚尸寻找佛骨。"主人便说："木头里哪有什么佛骨？"天然立即说："既然这样，为什么还要责怪我？"

确实，他烧的只不过是木头。

什么才是真正的功德

梁武帝笃信佛教，修了不少寺庙，供养了大批僧尼。那时，印度的达摩大师漂洋过海，来到中国。梁武帝立即请他进宫，与他讨论佛学。武帝首先就问："如何是圣谛第一义？"即，佛法的真义是什么？这是一个基本的问题，几乎所有学佛的人都必然要经过这样一个问题，因为人的觉悟必先从人生意义的追问开始。在以后的禅宗公案中，不少徒弟问过这样的问题，而每个师父均有不同的回答。

达摩的回答是"廓然无圣"。廓然无圣的意思是空空寂寂，并无佛圣。

武帝有点奇怪，就问："对朕者谁？"既然空寂无圣，那么，在我面前的是谁呢？

达摩平静地说："不识。"武帝无法继续对话，因为达摩的思路与他完全不同，那好像是来自另一世界的声音。

武帝岔开话题，说："朕自登九五以来，度人选寺，写经造像，有何功德？"武帝这样问的时候，心中一定觉得自己功德圆满，他为佛门做了那么多的事情，难道没有功德吗？

但是，达摩的回答出乎意料，他说："没有功德。"

武帝不太服气，问为什么。

达摩就解释说："此是人天小果，有漏之因，如影随形。虽有善因，非是实相。"在达摩看来，梁武帝的行为，还是世间的因果，做点善事，就有了善的果报，所以说是人天小果，但不够究竟，不够彻底，并不是最终的解脱。

那么，真正的功德是什么呢？达摩说："净智妙圆，体自空寂。如是功德，不以世求。"

梁武帝觉得达摩所说，离自己太过遥远，变了脸色，再没有兴趣谈下去。

达摩也知道与武帝之间没有默契，就在那年的 10 月 19 日，悄然渡过长江，进入中国的北方。

韦刺史不能明白达摩的说法。梁武帝造寺度僧，布施设斋，为什么达摩还要说他没有功德？

惠能解释说：达摩讲的并没有错。武帝心中有邪念，他想凭借这些行为求得福报，先有了一份私心，而功德只能在自己心中求取，那么何谓功德？又怎么在他人心中求取呢？见到自性叫作功，有平等心就叫作德；心念行云般舒展、自然，毫无挂碍，又恒常地显现本性的真实妙用，就叫作功德。每一个念头，每一个思绪，从不间断，又从不偏离自性，这就是功；每一种持心，每一种行为，都率性而为，平和正直，这就是德。

梁武帝不明白福报与功德之间的区别，达摩不断点拨他，他却不能省悟，终究无法走上解脱之路。他的行为本身并没有什么不对，许多人帮助别人，捐出自己的钱物，确实是在做好事，问题在于，梁武帝与其他许许多多的人一样，做好事时起心寻求回报，所以，仍不是最终的觉悟。

破灶禅师指点灶神

有一些人,生活在人间,然而,我们不知道他从何而来,曾做过什么,他住在某个地方,与任何人都平平淡淡的,如同孤云野鹤,正好浮游到此,就在这里暂且栖息。

破灶禅师就是这样一个人。他隐居在嵩山,没有人知道他的年龄、名姓,只觉得他很奇怪。

嵩山附近有一座庙,里面放着一只灶头。老百姓认为是灶神,不断来祭祀,烹杀了不少家禽牲畜。

一天,破灶禅师领着一班小和尚到了庙里,他用挂杖敲了灶头三下,说:"咄!这只灶头只是泥瓦合成的,哪有什么圣灵?竟然要人烹杀活物祭祀!"又敲打了三下,灶头便碎裂倒塌。

不一会儿,一个身穿黑衣头戴高帽的人,来向禅师鞠躬礼拜。禅师问:"你是何人?"答:"我就是这庙的灶神,受因缘报应已经很久了,今天承蒙禅师您给我讲了无生无灭之法,才能脱离此地,转生到天界,特来致谢。"

破灶禅师听了,不以为意地说:"不必谢我,这是你本有之觉性,并非我强言开示的结果。"

灶神再次礼拜后,转身消失了。小和尚们看到这一切,十分迷惑,问禅师:"我们侍奉您这么多年,得不到指点,这个灶神到底得到了您什么指点,能够往生天界?"禅师说:"我只不过向他说：灶是泥瓦合成的。别的什么也没说。"

小和尚们一时愕然。

禅师却不放过，随即逼问他们："领悟了吗？"

小和尚们答："没领悟。"

禅师说："这是本有之性，为什么不能领悟？"

小和尚们就向禅师礼拜。

这时，禅师突然叫道："堕了！堕了！破了！破了！破了！"

禅师所说的"破了，破了"，指的是小和尚们终于破除了各种成见，在那个时刻领悟到了因缘和合的道理。

佛祖救度众生的四种工具

惠能的弟子智常早年在白峰山向大通和尚学习，因心中仍有疑问，于是，就去曹溪，求教于惠能。智常问："佛说救度人的工具有三种，就是小乘、中乘、大乘，可是他又说还有最上乘。我不明白这话的意思，请大师指示。"

惠能回答："这件事你应该静下来心来，从自己内心省察。只要你摆脱了人家所说的种种分别的道理，你就会发现，道理哪有这么多分别？救度人的道理也没有四种之分。人的智慧勉强可以分为四等，所以才说有四种救度的工具。见、闻、读、诵，是小的救度工具；了解佛的言辞与经中的意义，是中等的救度工具；依照佛的教训而修行，是大的救度工具。

一切道理尽通，一切道理尽备于心，不再有一切杂念，而且摆脱了一切道理的束缚，空空荡荡，一无所有，一无所得，是最上等的救度工具。最上等的救度工具必须最上等的实行，不在口头的争论。你必须自己修行，不要问我。"

徒弟问崇慧禅师："达摩没有来中国时，我们中国有没有佛法？"

崇慧说："没有来的事暂且放一放，现在的事怎么样？"

徒弟说："我不领会，请师傅指点。"

崇慧说："万古长空，一朝风月。"

徒弟一时语塞，崇慧问他："领会了吗？"徒弟说还是不领会。于是，崇慧进一步开导他："你自己身上的事，与达摩来或者没有来有什么关系呢？达摩他老人家好比一个占卦的汉子，见你不领会，就为你占一卦，卦文是吉是凶，尽在你自己身上，一切自看而已。"崇慧的大意是，佛法与天地长存，不依达摩来否而变，而禅悟是每个人自己的事，应该着眼自身，着眼现实。

高兴不起来怎么办

有时候,会觉得很低落,很无助,很悲观,什么也不想做,甚至想着怎么死去比较好。不想去找朋友聊天,不想去工作,不想去逛街……觉得什么都没有意思。确实,什么都没有意思,什么都会消失。但活着总得找点事做做,做点能够让我们安静下来的事,做点能够让我们觉得成为我们自己得事,做点能够让我们成长的事。

最简单的,试试坐下来,自己慢慢读读佛经,或者抄写佛经,比如《金刚经》、比如《法华经》,慢慢地读,慢慢地抄写,一字一字地读,一字一字地抄。即使你不了解经文的意义,也没有关系,只要安静地读、写就可以了。佛经流传了千百年,经文里积淀着一些信息,会不知不觉地影响你。

宗萨蒋扬钦哲仁波切说:"你每天哪怕只念《金刚经》里的几个偈颂,也比念很多你不知道该怎么念或者该如何观想的心咒更有价值。如果可能,你应该自己手抄书写这部经书,然后送给别人做礼物,那应该会很有益处。"

试试看,每天用一段时间,读读、写写某一部佛经。不需要换来换去,如果你喜欢金刚经,就一直读、写金刚经;如果喜欢法华经,就一直读、写法华经。甚至不需要读很多,写很多,只要一句话就可以,如果你喜欢净土宗的说法,那么,你每天不时地念诵阿弥陀佛,就可以获得你无法想象的改变。

害怕与人交往怎么办

有时候,会觉得很沮丧,觉得这个世界都在和我作对,今天办公室那三个人叽叽咕咕,是在议论我的穿着老土吧。那个同学又去美国了,而我还在这个小城里。为什么我总是不如别人呢?还不如死去呢。然后,开始琢磨自杀的方法,跳楼?有点害怕。割脉?会流血啊……

我曾经有一段时间害怕和别人交往,就像张爱玲说的,当我和人有所交接的时候,感到空虚。我喜欢自己一个人在房间里琢磨各种事情,特别喜欢琢磨死亡的方法。慢慢地,我觉得自己在陷入一个暗黑的洞穴。有一天,我经过一个菜市场,那种很嘈杂的中国式菜市场,很多人在吆喝,在杀戮各种小动物。有一只鸡垂死前的挣扎突然击中了我。那一刻开始,我突然觉得应该琢磨琢磨活的方法。死是一定,你不去琢磨也会死去,是不需要方法的。而活着,是每个人都不一样的,是每个人可以去选择的,你可以选择种菜,他可以选择在这里杀鸡。怎么样活着呢?这是需要琢磨的。

怎么样活着呢?很大的题目。有一个方法也许可以试试,那就是试着去琢磨一些佛的义理。佛法来自于对生命的思考:如何面对死亡?如何面对烦恼?如何面对无常?对于普通人来说,所谓佛法,其实不过是活法,是佛陀所开悟的关于如何活着的道理。所以,不妨试试,在你胡思乱想的时候,把思绪收回来，集中在一些佛理的思考上。比如，好好思考一下惠能"本来无一物"的意思，好好思考一下"凡所有相皆是虚妄"的意思。

就像身体需要不时地远行，不时地拓展眼界，思想也需要不时地远行。总是每天在想着如何应付日常的工作，如何赚到钱，也应该不时地跳出来，思想也要远行。只有走到远方，才能看清自己。只有走到远方，才能回到自己的家。

真的试一试，就从现在开始，好好想一想"当下即是"的意思，慢慢地去琢磨，慢慢地找寻出口，不用急于找到答案，答案就在你慢慢的远行里。过一段时间，看看有一些什么改变发生了。

感觉前途暗淡怎么办

有时候，会觉得烦躁，会觉得前途一片暗淡。怎么办呢？会去看电影，会去购物，会去游泳……做这一些事情可以转换注意力，可以舒缓情绪，所以，没有问题，当我们抑郁低落的时候，去做一些娱乐的事，做一些有趣的事，可以让情绪得到暂时的缓解。不过，这些事情只是很外在的事情，只是在短时间内让我们分散注意力，让我们得到短暂的放松。

不妨试试去做另外一些小小的事情，能够彻底改变你生命的事情，那就是修行。说到修行，你可能会觉得很高深很复杂。其实，佛学的修行很生活很简单。虽然简单，却可以真正改变生命的质地。修行的关键是你真正去做，马上去做。活着的意义，在于做一点有意义的事情。

当你抑郁的时候，试试看，从一些有意义的事情开始，从一些很小的事情开始修行。比如，不说别人的是非，这是一件很小的事，一般人都明白这个道理，但往往做不到。那么，你能不能从现在开始，就不说别人的是非。这是一件很小的事，如果你坚持着去做，你的人际关系会彻底改变。再比如，不要只抱怨环境很肮脏，抱怨别人乱扔垃圾，能不能从现在开始，见到地上的垃圾就捡起来扔到垃圾桶。

从前弘一大师，不论什么时候，坐下来的时候都要看看座位上有没有蚂蚁之类的小动物，以免伤及它们。这是一个小小的举止，但蕴涵着慈悲的大情怀。

　　活着，不是活在浮词上面，也不是活在空洞的理念上，而是活在一个又一个生动的当下，活在每个当下的行为举止里。所以，生活的提升，从每个言行举止开始。这就是修行的意义。如果我们把生活看作是不断自我完善的修行，那么，抑郁也罢，焦虑也罢，种种的人生问题，都能够在修行的旅途中慢慢化解。

第6课　遇见无牵无挂的六祖惠能

　　惠能临终前，和他的弟子谈到怎么对待他的死亡。他要求弟子们不能像一般人那样哭哭啼啼。如果学佛的人连死亡都没有参透，那么，根本谈不上觉悟。他再次提醒弟子们：最终的存在是寂静。所谓死亡，不过是回到了寂静，回到了最终的存在。所以，不值得悲，也不值得喜。

守也守不住，有生就有灭

19世纪法国最著名的现代派诗人波德莱尔说："人生就是一个医院，这里每个病人都被调换床位的欲望缠绕着。这一位愿意到火炉边去呻吟，那一位觉得在窗户旁病才能治好。"至于他自己，"哪儿都可以，只要不在这个世界上"。他有一首诗《邀旅》，反复吟咏的是："到那里去"。"那里，一切只是整齐和美，豪奢、平静和那欢乐迷醉。"

是的，只要不在这个世界上，去哪儿都可以。

在这个世界上，我们每个人从孩提时代起，就沾染了对财物的占有欲。自己的玩具藏得好好的，不肯拿出来给邻居家的小朋友玩。那时，我们就已经习惯说：这是我的。成长的过程几乎就是一个积聚的过程，我们从一无所有到有了自己的房子、生活用品、收藏品，还有一张张不同的存折、证券。我们在自己的家门口装上了层层的防盗系统，又在每一个抽屉安上锁。我们离开家时，担心自己的钱包被人偷走或抢走；在工作中，又担心自己的位置被人挤走。

人的一生像波德莱尔所说，是一个医院，不过，调换床位的欲望还只是表面的痛苦，真正核心的痛苦在于：我们总是处于求取或守住的状态。

我们把生命中最宝贵的时光，都用在了追求财物、名声上，然后，为守住这些财物和名声，步步为营。

无论求取还是守住，都是一种大烦恼。那过程里有快乐，但不能长久。即使我们最终成功地获取了名声和财富，死亡也会带走一切。因而，我们总是期望着一个理想的世界，没有失去，没有烦恼，没有死亡。

佛陀的思考也是从这个起点开始的。

他经历了这个世界上最荣华富贵的生活，然后，他在王宫的门外看到贫困、疾病、死亡。再然后，他就开始思考，如何出离这个世界上的烦恼、痛苦，而达到永恒的解脱。这是佛教的根本议题。用梵文表述，就是：摩诃般若波罗蜜，意思是出离尘世到达彼岸的大智慧。

作为一个佛教徒，惠能所要面对的仍然是这个根本议题。他在大梵寺讲什么呢？就是摩诃般若波罗蜜法，意即到达彼岸的法门。他讲了自己的生平事迹，讲了戒、定、慧，又讲了无念，讲了皈依。既然皈依了佛、法、僧，那么，最后，就可以谈谈怎样到达彼岸了。

说来说去，戒、定、慧也罢，无念也罢，皈依也罢，人们之所以皈依佛，之所以向佛法寻求启迪，目的其实只有一个：出离这个世界的苦厄，恒久地处于和乐之中。

生活不在别处,就在此时此地

彼岸,按照中文的意思,就是对岸,是此岸的对面,一个不同于此岸的"别处"。

那么,佛祖所说的"彼岸"在哪里呢?是在天上?是在西方?我们如何走过去呢?惠能的解释是:彼岸并不在天上,也不在西方,不在"别处",而就在此处。他用水来比喻:当浪花飞溅的时候,就是此岸,当水长流的时候,就是彼岸。鱼一直在水中,一直在尘世中,你无法离开尘世,就像鲁迅说的,揪住自己的头发,以为可以飞上天,那是自欺欺人。就像鱼离不开水一样,人离不开尘世。

为什么会起浪呢?因为受了外缘的触动,例如风,例如有人往水里扔了石头。烦恼也是如此,因为我们的心受了外境的影响,例如达不到目的,例如失去了所拥有的。但是,水的底色是平静,是不会中断的流淌。存在的本色也是如此,是寂静,是一种绝对的空无。

惠能的意思非常清楚,我们只能在此岸中抵达彼岸,并没有另外一个"别处"。

如何在此岸抵达彼岸呢?水的比喻指示了一个方法,那就是,当浪花飞溅的时候,我们必须穿透动态的浪花,把捉到水永恒的、不会改变的形姿。

也就是说,当我们面临日常变化万千的事物时,应该在当下就透过似乎眼花缭乱的表象,触摸到变化背后所不变的东西,要能够聆听到寂静;另一方面,我们又应当从不变的事物中当下即体悟到变化,体悟到无常。如果我们的心能够如此应对一切,那么,无论你在做什么,你都可以身处此处,而又同时出离此处,沐浴在彼岸安详恒在的光芒里。

愚公移山的心态

归根结底,到彼岸,并非我们的身体到了彼岸,而是我们的心觉悟了,明白了一切现象的究竟,从而到了彼岸。怎样才算是觉悟了、明白了?惠能在解释"摩诃"这个词时做了回答。摩诃的意思是"大",什么需要大呢?是我们的心。心要大到什么程度,才是真正的解脱呢?"心量广大,犹如虚空",当我们的心量如虚空那样广大时,就能够自在地在人间行走,每一个刹那,都在日常里生活,同时,每一个刹那,都在彼岸。

虚空有多大呢?像天与地?其实比天与地更大,是无限。当惠能说"心量广大,犹如虚空",他是要我们从有限的当下,刹那间,升华到无限的永恒。好像泰戈尔所说,人要摆脱日常的苦恼,必须要体验无限性。

每个当下,每个我们置身于其间的当下,都是有限的,时间是有限的,空间是有限的。同时,每个当下连接着无限。只是我们常常淹没于尘世里的算计、忙碌,而忘了每个当下里其实蕴涵着无限,而且,正是这个无限,才是存在的底色。如果你能在当下,觉知到无限,那么,有限就消失了。

一个人不可能把一座山搬掉,这是一种有限性,我们好像没有办法超越。但是,愚公并不这样想,他说,我挖不完,死了,有我的儿子,儿子死了以后,又有孙子,子子孙孙,无穷无尽。然后，愚公坚持每天挖山。这个故事流传甚广，有多种解读。对于我而言，愚公的启示在于：他用无限性化解了现时的困境。一个人的一生只不过是无限时间里的小小一刻。然而，一旦我们把这小小一刻放在无限的过去和未来，那么，一切的困难和快乐，其实都不过如此。你就可以以不计较任何结果的心态来做任何事情，仅仅在做，就是一种喜悦。

如果我们不断冥想无限的时间，还有无限的空间，我们自己的个体，以及我们目前所遭遇的一切，都不过是一个注定即将消失的片刻，一个无限整体中微不足道的点。过去的过去，未来的未来，大地以外，星空以外，是浩茫的虚空，永远无法穷尽。当下的所谓烦恼，算什么呢？

超然物外的六祖惠能

我们总是处于此时此地，总是要遭遇具体的境遇。比如，现在，你在办公室，或者，在路上。你遇到了人际问题，或者，遇到了交通事故。每天都是这样的。或大或小的烦恼，或强或弱的喜怒哀乐。

我们在日常的琐事里，一天天地消磨着。

因为得到而快乐，因为失去而痛苦。当惠能说"心量广大"，他的意思是要拓展我们的视界，天地如此广阔、无限，我们却把它们忘了。如果我们能够从日常里返身而回，回到一直就在那里的天空、大地、无垠里，那么，日常的琐事就无法再磨蚀我们的生命。我们好像获得了一个遥远的视点，从无限远的远方来看我们身处的尘世，一切都变得微不足道，一切都变得轻如梦幻。

如果再进一步，把自己融入无限性里，身体还是那具身体，日常还是日常，但是，心却可以超越此时此地，超越日常，以一种虚空的态度来观照此时此地的日常。

什么叫虚空的态度？惠能说得很明白：世界虚空，能含日月星辰、山河大地、一切草木、恶人善人、恶法善法、天堂地狱，尽在空中。世人性空，亦复如是。性含万法是大；万法尽是自性。见一切人及非人、恶之与善、恶法善法，尽皆不舍，不可染著，犹如虚空，名之为大，此是摩诃。

其实，这是一种超然物外的心境，一种从容淡定的风度。一般层面上，禅宗也讲究善恶，讲究行善积德。对于大众而言，只要守住"诸恶不作"的戒律，就可以获得内心的平静。但是，在终极的层面上，无论哪种流派的佛教，都讲究超越善恶，超越一切的二元分别。这一点，很容易引起误会。有人觉得惠能所说有矛盾，他一会儿说"十善是天堂"之类的话，意思是要人们想的、做的都是善事，不想、不做恶事，显然是有善恶之分的；而同时，他又说要不起分别心，"一切善恶都莫思量"，又仿佛连善恶都不分。

如果我们分成两个层面来理解，就不觉得有什么矛盾了。即使同一个人，可以在日常的层面，遵循社会关于善恶的规训，区分善恶；而在终极的层面，观照到善与恶实则是一种空，并不具有实在性。因而，对于善与恶，都具有一种悲悯的情怀。不倡导恶，但也不倡导善，因为，在根本上，并无善恶的界线，自然的本性里，没有善也没有恶。你只要如其本然地去想去做，就可以了。

怎样理解"烦恼即菩提"

如果我们的心能够像虚空一样，那么，我们可以从有限的当下延伸到无限的永恒；如果我们的心能够像虚空一样，那么，我们可以包容一切的一切，既不想着去"占有"它们，也不想着去"舍弃"它们。

如果我们的心像虚空一样，我们就不会再沉溺于个人的功名利禄，而把目光放在自我以外的人群、自然之上。

尝试着进入众生、自然的深处，我们会变得渐渐柔和、安宁。我们会对每一个人显现慈悲与爱，会在每一次的利益相争之际显现出谦让与平和，对所谓的敌人表现出宽容和忍耐。

我们常常埋怨受到冷遇，受到陷害，如果换一种想法，歧视、迫害、侮辱未尝不是最佳的精神修炼方法，因为在歧视、侮辱中，我们培养自己的坚毅，激发自己的自尊、自强。有人成功后对于曾经加害过自己的人一一报复，而智者却对曾经加害过自己的人表示感恩。确实，唯有敌人，才使我们有机会考验自己，并修养自己的耐性。在对敌人的忍耐、宽容，乃至慈爱之中，我们才算彻底解除了自我的执缚，变成无所畏惧的人。

如果我们的心像虚空一样，我们就会越过自我的界限，去关注一切可见的和不可见的，与我们共存的或曾经存在过的、将来会存在的。形形色色的世界，在自我的界限以外杂乱无序地运行，没有逻辑，也没有目的。当我们想到这一切，想到那些荣辱浮沉，我们会感觉自我的悲欢多么渺小。

如果我们的心真的能够像虚空一样，那么，无论我们面对什么，我们都会做到如如不动。为什么呢？让我们来看看神会的解释，神会认为虚空本来没有变化，不因为明亮来了就明亮，黑暗来了就黑暗；实质上，暗的虚空也就是明的虚空，明的虚空也就是暗的虚空，明、暗虽然各自产生、消灭，但虚空本身并没有改变。烦恼即菩提，其中的道理也是如此。迷悟虽然不同，但菩提本心却没有变化。

如果我们的心真的像虚空一样，那么，无论怎么喧哗，我们都能够听到并安心于寂静。树叶黄了，你会感伤，树叶绿了，你会喜悦。但是，感伤也罢，喜悦也罢，都有澄明的质地，因为你已经把捉到黄与绿的深处，都是一种虚空。你看到的，以及你观看的姿态，都在虚空里。

通过念佛可以达到极乐世界吗

使君问惠能:"通过念佛可以到达西方吗?"惠能回答:"时刻守持着自己的本性,那么,弹指间就可以到达西方。使君,只要你不断地行善事,又何须祈求往生西方?如果不能断除恶念恶行,又怎么会有佛来请你去西方?如果你明白了无生无灭的顿教法门,刹那间就可以到达西方。不明白顿教大乘的道理,无论怎样念佛,西方的路都很遥远,如何到达呢?"

然后,惠能对他说:"你想见到西方吗?"

使君回答非常想看到西方。

于是,惠能说:"一时见西方,无疑即散。"惠能的意思是说,此刻我们已经见到西方了,没有疑问的就散去吧。

大家很惊愕,不知道西方在哪里。惠能又讲了一通只要见到自性,就等于见到了西方的道理。

后来的禅师,大概不会像惠能那样耐心。你没有明白,就再去好好想,好好参悟。等到契机到了,自然会明白。

座下的听众从四面八方聚集在大梵寺,听惠能讲授解脱的法门。惠能告诉他们,此时此刻,你已经在西方了,如果你具备一种叫作般若的大智慧。你不必大老远地寻找什么西方,西方就在你自己的身上。如果随时随地,你都能够处于般若观照,那么,你随时随地都在西方。所以说,西方很近,也很远。对于觉悟的人而言,很近;对于愚痴的人而言,很远。

遇见无牵无挂的六祖惠能

惠能临终前，和他的弟子谈到怎么对待他的死亡。他要求弟子们不能像一般人那样哭哭啼啼。如果学佛的人连死亡都没有参透，那么，根本谈不上觉悟。他再次提醒弟子们：最终的存在是寂静。所谓死亡，不过是回到了寂静，回到了最终的存在。所以，不值得悲，也不值得喜。

因为本来就没有生过也没有灭过，没有来过也没有去过。如果你能按照佛法修行，那么，你就和我，还有佛陀等，在一起。如果你不修行佛法，那么，就算我在世间，你还是没有和我在一起。惠能的意思，是身体在一起很短暂，但是心性的相通，却能够超越时间和空间。

这样，死后的葬礼之类，完全没有必要。

惠能还和他的弟子们谈到佛法的继承问题。他认为"佛法的继承已经传递了"，叫法海等人不必操心。在惠能之前，历来用衣袍来传承佛法，在他看来，也没有必要。也许，惠能以为，任何一种智慧，一种终极的真理，在时间的河流里，不必借助外在的仪式或宗门的法规加以传播、发扬，它们本身就在人心深处，像一股活的清泉，永远清澈地流淌。

敦煌版的《坛经》里，惠能描述了禅宗的脉络，以释迦牟尼佛为第七祖，达摩为三十五祖，惠能自己是第四十代。他重点又讲解了中国禅宗的脉络，以达摩为始祖，一直到惠能，共有六位祖师。他将五代祖师传衣法时的颂词告诉法海,并以这几首颂词为依据,认定衣法传递到他自己即六祖,就不能再往下传了。

讲完禅宗的源流,惠能又作了一首《自性见真佛解脱颂》,与门人告别。在这首颂里,惠能再次强调了:最终的、不起分别心的本性就是真正的佛,而要达到佛的境界,不能向外去寻求,不能指望别人帮你完成。只有你自己觉悟了,才能真正遇到佛。

随缘而来,随缘而去。

他叮嘱门人,千万不要像世俗人那样悲悲泣泣,更不可以接受别人吊唁的金钱和布匹,不要穿孝衣,等等。

当天深夜,惠能大师圆寂,他在人间享寿七十六年。

第二部分

《六祖坛经》原文及优美白话译文

南宗顿教最上乘摩诃般若波罗蜜经
六祖惠能大师于韶州大梵寺施法坛经　一卷

惠能诵经于菩提树下物我两忘，三僧或坐或立似在辩论经义。——明代画家丁云鹏/作品

惠能大师于大梵寺讲堂中，升高座，说摩诃般若波罗蜜法，授无相戒。

其时，座下僧尼、道俗一万余人，韶州刺史韦璩及诸官僚三十余人，儒士三十余人，同时请大师说摩诃般若波罗蜜法。刺史遂令门人僧法海集记，流行后代与学道者，承此宗旨，递相传受，有所依约，以为秉承，说此《坛经》。

【白话译文】

惠能大师在大梵寺讲堂里，端端正正地坐在法坛上，讲授那深广而博大的如何超越尘世抵达彼岸的智慧，以及于相而离相的无相戒。

当时，在下面聆听的有和尚、尼姑以及其他普通百姓一万余人，其中韶州刺史韦璩和地方官员三十多人，儒士三十多人，一起恭请大师讲授深广而博大的抵达彼岸的智慧。刺史安排门人法海和尚做详尽的记录，以便于流传后代，指引那些学道的人，继承大师所讲的宗旨，一代一代地传授下去，以这本《坛经》作为一种共同的依约。

能大师言：善知识，净心念摩诃般若波罗蜜法。

大师不语，自净心神。良久乃言：善知识，静听：

惠能慈父,本贯范阳,左降迁流岭南,作新州百姓。惠能幼少,父又早亡。老母孤遗,移来南海,艰辛贫乏,于市卖柴。忽有一客买柴,遂领惠能至于官店。客将柴去,惠能得钱,却向门前,忽见一客读《金刚经》。惠能一闻,心明便悟。乃问客曰:"从何处来,持此经典?"

客答曰:"我于蕲州黄梅县东冯墓山,礼拜五祖弘忍和尚,见今在彼门人有千余众。我于彼听见大师劝道俗,但持《金刚经》一卷,即得见性,直了成佛。"

惠能闻说,宿业有缘,便即辞亲,往黄梅冯墓山礼拜五祖弘忍和尚。

【白话译文】

惠能大师说:各位,先把心安定下来,只想着抵达彼岸的大智慧。

大师立即静默不语,自己把心沉静下来,过了很久才说:各位,请静静地听:

我的父亲,本来是河南范阳人,曾经做过官,后来被贬官流放到岭南,在新州做普通老百姓。我年纪很小的时候,父亲就去世了,和母亲一起相依为命,搬到南海去住,日子很艰苦,靠在市集卖柴为生。有一天,一位客人想买柴,把我带到客店里,正当我要把柴给客人,拿了钱走到门前的时候,忽然听到里面有人在读《金刚经》。一听,我就领悟了。便问那位读经的客人:"你从什么地方得到这样一部经书?"

客人回答:"我到蕲州黄梅县东边的冯墓山,去礼拜五祖弘忍和尚,看到他的门下有几千人。我在那里听到大师教导出家的或在家的人,只要守持《金刚经》一卷,就可以发现自己的佛性,直接觉悟成佛。"

我听了以后,觉得也许是命中有缘,立即就辞别老母,到黄梅冯墓山去礼拜五祖弘忍和尚。

弘忍和尚问惠能曰:"汝何方人?来此山礼拜吾?汝今向吾边,复求何物?"

惠能答曰:"弟子岭南人,新州百姓,今故远来礼拜和尚,不求余物,唯求作佛法。"

大师遂责惠能曰:"汝是岭南人,又是獦獠,若为堪作佛!"

惠能答曰:"人即有南北,佛性即无南北;獦獠身与和尚身不同,佛性有何差别?"

大师欲更共议,见左右在旁边,大师更便不言。遂发遣惠能令随众作务。时有一行者,遂差惠能于碓坊踏碓八个余月。

【白话译文】

弘忍和尚问惠能:"你是哪里人,为什么来这里礼拜我?你如今来找我,想寻求什么东西呢?"

惠能回答:"弟子是岭南新州的老百姓,大老远地跑来礼拜和尚,不求什么,只求成佛的法门。"

大师有意为难惠能说："你是岭南人，又是野蛮的打猎人，怎么能够作佛呢？"

惠能回答："人有南北的分别，但佛性并没有南北的差异；打猎蛮子的身形确实与和尚的不同，但佛性又有什么差别呢？"

大师听了，想和惠能再说点什么，看到旁边有人，就沉默不语，只是吩咐派遣惠能去做点杂务。当时正好有一位刚刚入寺而没有正式落发的行者，负责寺里的杂役，就让惠能去碓坊踏碓，一踏就是八个多月。

五祖忽于一日唤门人尽来。门人集已，五祖曰："吾向汝说，世人生死事大。汝等门人终日供养，只求福田，不求出离生死苦海。汝等自性迷，福门何可求？汝等总且归房自看，有智慧者自取本性般若之智，各作一偈呈吾。吾看汝偈，若悟只大意者，付汝衣法，禀为六代。火急作！"

门人得处分，却来各至自房，递相谓言："我等不须澄心用意作偈，将呈和尚。神秀上座是教授师，秀上座得法后自可依止。偈不用作。"诸人息心，尽不敢呈偈。

【白话译文】

有一天，五祖忽然把门人全部叫集过来，对大家说："我想要说的是，我们活在这个世间，生死是大事。你们每天供养佛、法、僧三宝，只为了求福，不是为了摆脱生死的轮回。假如你们的自性迷失了,又有什么福可求呢?请大家回到自己的房间好好思量,有智慧的人把你本性的智慧呈现出来,作一首偈给我看看。要是哪一个人悟到了佛法的根本,我就把衣法传给他,继承为第六祖。快快去想。"

门人得到吩咐,各自回房,相互议论,都说:"我们没有必要费心思去作偈,拿去给师父看。神秀上座已经是教授师,肯定比我们领悟得要深。如果他已经得法了,我们只要照着他的偈修炼就可以了。我们实在不必再去作偈。"这样一说,众人的心都平息了,谁都不敢作一首偈给和尚看。

大师堂前有三间房廊,于此廊下供养,欲画楞伽变相,并画五祖大师传授衣法,流行后代为记。画人卢珍看壁了,明日下手。

上座神秀思维(古作"惟")诸人不呈心偈,缘我为教授师。我若不呈心偈,五祖如何得见我心中见解深浅?我将心偈上五祖呈意,求法即善;觅祖不善,却同凡心夺其圣位。若不呈心中偈,终不得法。良久思维,甚难甚难。夜至三更,不令人见,遂向南廊下中间壁上题作呈心偈,欲求衣法。若五祖见偈,言此偈语,若访觅我,我见和尚,即云是秀作。五祖见偈,若言不堪,自是我迷,宿业障重,不合得法。圣意难测,我心自息。秀上座三更于南廊中间壁上,秉烛题作偈。人尽不知。偈曰:

身是菩提树,心如明镜台。

时时勤拂拭,莫使若尘埃。

神秀上座题此偈毕,却归房卧,并无人见。

【白话译文】

五祖居处的厅堂前有三间房廊,在廊下供养佛法,打算把《楞伽经》的故事画下来,同时画上禅宗自达摩以来五位祖师传法的情景,以便一代一代地流传下去。画家卢珍察看了墙壁以后,准备第二天就动手画画。

神秀上座明白大家不肯献偈,是因为自己已经是教授师。但他想到:如果我也不去作偈呈给师父看,师父又怎么知道我觉悟的程度如何呢?我把自己真实的领悟写成偈呈给师父,是为了寻求佛法,而不是为了争取祖师的地位;如果为了争取祖师的地位,就和俗世争名夺利一样了;假如不把心中的领悟写出来给大家看,终究得不到佛法。这样想来想去,觉得难以决定。终于想到一个办法,深夜悄悄地走出房间,不被人看见,去南廊中间的墙壁上题写一首偈,为求得衣法。他的考虑是,如果五祖见到偈,觉得还可以,问起是谁写的,我就告诉师父是自己写的。如果五祖觉得这首偈根本没有入门,那么就说明我还在迷失之中,不应该得到衣法。师父如何评判,很难推测,不如写完就不去想它了。

于是,神秀就在深夜去了南廊,拿着蜡烛,在中间的墙壁上题写了一首偈。大家都在睡觉,谁也不知道。偈是这样的:

身是菩提树，心如明镜台。

时时勤拂拭，莫使若尘埃。

神秀写完后就回房了，没有一个人见到他。

五祖平旦，遂唤卢供奉来南廊下画楞伽变。五祖忽见此偈，请记。乃谓供奉曰："弘忍与供奉钱三十千，深劳远来，不画变相也。《金刚经》云：凡所有相，皆是虚妄。不如留此偈，令迷人诵。依此修行，不堕三恶道。依法修行，有大利益。"大师遂唤门人尽来，焚香偈前。众人见已，皆生敬心，（大师曰）。唤言："善哉！"

五祖遂唤秀上座于堂内问："是汝作偈否？若是汝作，应得我法。"

秀上座言："罪过，实是神秀作。不敢求祖，但愿和尚慈悲，看弟子有少智慧，识大意否？"

五祖曰："汝作此偈见解，只到门前，尚未得入。凡夫依此偈修行，即不堕落。作此见解，若觅无上菩提，即不可得。要入得门，见自本性。汝且去，一两日思维，更作一偈来呈吾。若入得门，见自本性，当付汝衣法。"秀上座去数日，作偈不得。

【白话译文】

天亮以后，五祖叫来卢珍，去南廊下画《楞伽经》的故事。忽然见到神秀的偈，就对卢珍说："我给了你三万钱，劳动你大老远地过来，本来想让你画《楞伽经》，但我现在不想画了。《金刚经》说：一切的名相，都是虚妄。不如留下这首偈，让迷失的人诵读。按照这首偈所说的修行，就不会堕入'三恶道'，也就是不会下地狱，不会变成饿鬼，不会转世成人以外的其他动物。依照这个方法修行，可以得到很大的收获。"大师把门人全部召集起来，在这个偈前焚香礼拜。众人读后，都生发出敬畏之心，赞叹说："真好！"

五祖把神秀叫到屋内，问："是你写的吧。如果是你写的，应该说已经得到我的法门了。"

神秀回答："实在惭愧，的确是我写的。不敢求取祖师的地位，只希望师父慈悲，看看弟子是否有一点的智慧，领悟了大概的意思没有？"

五祖说："你这首偈所包含的领会，只是到了门前，还没有到达最终究处。一般人按照这个修行，可以不致堕落。但凭借这样的领会，想要寻求最高的佛法，就不可能。进了门后，还要发现自己的本性。你先回去，想一两天，再作一首偈来，假如能够发现自己的本性，到达最终的觉悟，我就把代表着法的衣袍传给你。"神秀回去，想了几天，没有想出新的偈。

有一童子于碓坊边过，唱诵此偈。惠能及一闻，知未见性，即识大意。能问童子："适来诵者为何偈？"

童子答："你不知大师言生死事大，欲传衣法，令门人等各作一偈，来呈吾看，悟大意即付衣法，禀为六代祖。有一上座名神秀，忽于南廊下画无相偈一首，五祖令诸门人尽诵。悟此偈者即见自性，依此修行，即得出离。"

惠能答曰："我此踏碓八个月余，未至堂前。望上人引惠能至南廊下见此偈礼拜。亦愿诵取，结来生缘，愿生佛地。"

童子引能至南廊下。能即礼拜此偈，为不识字，请一人读。惠能闻已，即识大意。惠能亦作一偈，又请得一解书人于西间壁上题注，呈自本心。不识本心，学法无益，识心见性，即悟大意。惠能偈曰：

菩提本无树，明镜亦非台。

佛性常清净（后作"本来无一物"），何处惹尘埃。

又偈曰：

心是菩提树，身是明镜台。

明镜本清净，何处染尘埃。

院内徒众见能作此偈，尽怪。惠能却入碓坊。

【白话译文】

有一个小和尚经过碓坊时，吟诵着神秀的偈。惠能一听，便觉得还没有真正觉悟。惠能就问小和尚："你刚才吟诵的是什么偈？"

小和尚说："你不知道吗？大师说生死是大事，想要传授衣法，让门人各自作偈，看看谁真正明白了佛法。谁明白了就让谁做第六祖。神秀上座在南廊下，题写了一首无相偈。五祖让我们大家都来背诵这首偈。理解了这首偈就能发现自性，按照这个方法修行，可以超脱生死轮回。"

惠能说："我在碓坊干了八个多月活，还没有去过厅堂前。你带我到南廊那里去看看那首偈并礼拜它，好吗？我也非常希望好好诵读，为来生结个善缘，可以往生佛的国度。"

小和尚领着惠能到了南廊下。惠能立即向神秀的那首偈礼拜。因为不识字，就请人读给他听。惠能听完，知道了它的意思。自己也作了一首偈，请了别人题写在西边的墙壁上，写出来的偈发自他的本心。如果不能把握自己的本心，学习佛法也只是表面工夫，并无益处，认识到自己的本心并发现成佛的可能性，才算明白了佛法的根本。惠能的偈是：

菩提本无树，明镜亦非台。
佛性常清净（后作"本来无一物"），何处惹尘埃。

又写了一首：

心是菩提树，身是明镜台。
明镜本清净，何处染尘埃。

寺院里的人见到惠能写了这样的偈，都有点奇怪。惠能写完后仍回碓坊干杂活去了。

五祖忽来廊下，见惠能偈，即知识大意。恐众人知，五祖乃谓众人曰："此亦未得了。"

五祖夜至三更，唤惠能堂内说《金刚经》。惠能一闻，言下便悟。其夜受法，人尽不知，便传顿教及衣，以为六代祖。将衣为信禀，代代相传，法即以心传心，当令自悟。五祖言："惠能，自古传法，气如悬丝，若住此间，有人害汝，即须速去！"

能得衣法，三更发去。五祖自送能至九江驿，登时便别。五祖处分："汝去努力！将法向南，三年勿弘此法。难起已后，弘化善诱，迷人若得心开，与悟无别。"辞违已了，便发向南。

【白话译文】

五祖忽然来到回廊，见到惠能的偈，知道惠能已经悟到了佛法的根本。但怕众人知道，就仍装作不在乎的样子说："这首偈也没有得到最终的觉悟。"

到了三更半夜，五祖把惠能叫到屋里，向他讲授《金刚经》。惠能听后，立即就明白了。当天夜里，便接受五祖的教授。大家都不知道，五祖传给惠能顿教的法门和代表宗门的法衣，成为第六代的祖师。衣服作为一种信物，一代一代相传，用以心传心的方法，使得每个人自己觉悟，延续禅宗的法门。五祖说："惠能，自古以来，传法的人，生命都像悬着的丝，随时有危险。如果你住在这里，恐怕有人会害你，还是快快离开！"

惠能得到法衣，连夜出发。五祖一直送他到九江驿站，等惠能登船后才相互道别，又交代："好好努力，把顿教的宗旨传向南方，三年内不要在这里宣扬。等到灾难过去后，再出来弘法。如果你善于诱导，能迷失的人心开悟解，那么他们也就达到悟境了。"惠能听了师父的教诲，便一路向南而去。

两月中间，至大庾岭。不知向后有数百人来，欲拟捉惠能，夺衣法。来至半路，尽总却回。唯有一僧，姓陈名惠顺，先是三品将军，性行粗恶，直至岭上，来趁把著。惠能即还法衣。又不肯取，言："我故远来求法，不要其衣。"能于岭上便传法惠顺。惠顺得闻，言下心开。能使惠顺即却向北化人。

【白话译文】

走了两个月，到了大庾岭。他不知道后面有几百人正在追来，想抓住他，夺得衣钵。追到一半路，许多人就不追了，掉头回去。其中只有一个和尚，叫陈惠顺，原先是三品将军，性格和行为都十分粗鲁凶恶，一直追到了山岭上，截住了惠能。惠能便把衣钵给他，他却不肯拿，说："我大老远地追来，是为了寻求真理，不是为了衣钵。"惠能就在山岭上向惠顺讲授顿教的道理。惠顺听了，一下子就开启了心灵。惠能让他往北方去度化众生。

惠能来于此地，与诸官僚道俗，亦有累劫之因。教是先圣

所传,不是惠能自知。愿闻先圣教者,各须净心闻了,愿自除迷,如先代悟。(下是法)

【白话译文】

惠能来到此地,与各位官员百姓、出家的、在家的同道,也算是累积劫难后的因缘。道理是先圣传下来的,不是我惠能自己知道的。愿意聆听先圣教诲的,请先清净自己的心,希望先圣的教诲能够引导我们大家去掉迷误,那么,也就能够达到先圣所具有的觉悟了。

惠能大师唤言:善知识,菩提般若之智,世人本自有之,即缘心迷,不能自悟,须求大善知识示道见性。善知识,愚人智人,佛性本亦无差别,只缘迷悟;迷即为愚,悟即成智。

【白话译文】

惠能大师用召唤的口气对大家说:各位,我们每个人本来都具备最终解脱的智慧,只不过因为心灵迷失了,自己无法觉悟,才需要已经觉悟的人引导提示。各位,愚笨的人和智慧的人,佛性上本来并没有什么差别,之所以有人愚笨,有人智慧,只因为迷失和觉悟。迷失了,就是愚笨,觉悟了,就是智慧。

善知识,我此法门,以定慧为本。第一勿迷言定慧别。定慧体不一不二，即定是慧体，即慧是定用；即慧之时定在慧，即定之时慧在定。善知识，此义即是定慧等。学道之人作意，莫言先定发慧，先慧发定，定慧各别。作此见者，法有二相：口说善，心不善，定慧不等。心口俱善，内外一种，定慧即等。自悟修行，不在口诤。若诤先后，即是迷人，不断胜负，却生法我，不离四相。

【白话译文】

各位，我所讲的成佛的方法，以定与慧作为根本。首先，不要错误地认为定与慧有什么区别，定、慧在本质上是一样的，也就是说，定是慧的本体，慧是定的运用；慧发生的时候，定就在于慧，定发生的时候，慧就在于定。各位，这个意思就是，定慧是等一的。学习佛法的人，不要说什么先有定才能引发慧，或者，先有慧才能引发定，以为定慧各自有别。心存此种见解，法就变成二元的了：口里说着善，心却没有达到善的境地，定与慧不能统一。心与口都达到善的境地，内和外和谐统一，定与慧就是等一的了。自己领悟修行，不要作口头上的争论。假如去争什么先后，就是迷误的人，没有断绝胜负之心，佛法与自我分离，仍然沉沦在四相之中。

一行三昧者，于一切时中，行住坐卧，常行直心是。《净名经》云：直心是道场，直心是净土。莫行心谄曲，口说法直。口说一行三昧，不行直心，非佛弟子。但行直心，于一切法上无有执著，名一行三昧。迷人著法相，执一行三昧，直言坐不动，除妄不起心，即是一行三昧。若如是，此法同无情，却是障道因缘。道须通流，何以却滞？心不住法，道即通流。住即被缚。若坐不动，是维摩诘不合呵舍利佛宴坐林中。善知识，又见有人教人坐看心净，不动不起，从此置功。迷人不悟，便执成颠倒。即有数百般如此教道者，故知大错。

【白话译文】

所谓一行三昧，就是在日常生活的任何姿态里，总是保持一颗真如的心。

《净名经》上说：真如的心是道场，真如的心是净土。千万不要心里想的是邪门歪道，嘴上说的全是佛的道理。嘴上说要专于一行，修习正定，而在行动上不按佛法去做，这就不是佛的弟子。只要按着我们的本性去行动，对于一切的法都不执著，就是一行三昧了。迷误的人粘滞于法的皮相，狭隘地理解一行三昧，以为坐着不动，除却妄念，就是一行三昧了。假如这样的话，这种所谓的佛法就变得没有一点点人情味，反而成为解脱的障碍。

道，是需要通畅流动的，怎么能够僵化停滞呢？心灵不执著于法，道就变得通流。执著的话，就是被束缚住。假如坐着不动也得道，那么，维摩诘就不应该质疑舍利佛静坐树林下。各位，有人教导别人通过静坐来达到心灵的净化，以为不动不起，就能成功。迷误的人没有觉悟，就把事情弄颠倒了。就算有很多人这样教导众生,其实也是错误的。

善知识,定慧犹如何等?如灯光。有灯即有光,无灯即无光。灯是光之体,光是灯之用。名即有二,体无两般。此定慧法,亦复如是。

【白话译文】

各位,定与慧的关系是怎样的呢?如同灯和光。有灯就有光,没有灯就没有光。灯是光的本体,光是灯的运用。名称有两个,但根本上并没有什么不同。定慧的原理,也是一样的。

善知识,法无顿渐,人有利钝。迷即渐劝,悟人顿修。识自本心,是见本性,悟即元无差别,不悟即长劫轮回。

【白话译文】

各位,佛法本身并没有什么快和慢之分,人却有敏锐迟钝之分。迟钝的人需要渐渐地修炼,敏锐的人立即就领会了。来自本性的领悟,就是显现了本性,觉悟了就没有什么差别,如果没有觉悟,那么还要长久地处于生死轮回之中。

善知识,我此法门从上已来,顿渐皆立无念为宗,无相为,体,无住为本。何名为相无相?于相而离相。无念者,于念而不念。无住者,为人本性,念念不住,前念、今念、后念，念念相续，无有断绝，若一念断绝，法身即离色身；念念时中，于一切法上无住；一念若住，念念即住，名系缚；于一切法上念念不住，即无缚也。此是以无住为本。善知识，外离一切相，是无相。但能离相，性体清净，是以无相为体。于一切境上不染，名为无念。于自念上离境，不于法上生念。若百物不思，念尽除却，一念断即死，别处受生。学道者用心，莫不识法意。自错尚可，更劝他人迷。不自见迷，又谤经法。是以立无念为宗，即缘迷人于境上有念，念上便起邪见，一切尘劳妄念从此而生。然此教门立无念为宗，世人离境，不起于念。若无有念，无念亦不立。无者无何事，念者念何物？无者离二相诸尘劳；念者念真如本性。真如是念之体，念是真如之用。自性起念，虽即见闻觉知，不染万境，而常自在。《维摩经》云：外能善分别诸法相，内于第一义而不动。

【白话译文】

各位，我这里所讲的觉悟方法，无论顿、渐从来都是以无念为宗旨，以无相为本体，以无住为基本。什么叫无相呢？处于形相之中而又能超越形相。所谓无念，处于心念之中而又无所挂念。所谓无住，本色地做人，时时刻刻不为对象所束缚，前一个刹那，当下的刹那，后一个刹那，每个刹那绵绵不绝，如果某个刹那断绝了，色身固然消失了，但法身也随着离开了；时时刻刻，你的心念始终在活动，始终依循着佛法而不执著于任何对象；任何一刻如果为某个对象所缚，那么，每个时刻都拘囿于外缘，此种情况叫系缚；依循真如本性，时刻不受任何对象的束缚，就无所拘束了，也就是解脱了。这就是所谓的以无住为本。

各位，对外超越一切形相，就叫无相。只要能够超越形相，本性清净，就是以无相为本体。处于任何境地都不执著，就叫无念。从自己心念上摆脱外在的现象，悟到本性时不再产生邪念。假如什么东西都不思量，什么念头也没有，一时确实断绝了烦恼，但没有解决根本的问题，所以，在别处仍会再次出现。

学习佛法的人用自己的心去学，没有不了解佛法的真正涵义的。自己错了只是自己迷失而已，如果向别人传播，就使得大家都迷失。不察觉自己的迷误，还要毁谤经上说的道理。所以确立以无念为宗旨，是因为迷失的人陷于现象之中产生各种幻觉，由幻觉生出错误的看法，一切的烦恼和虚妄因此而生。我们的宗门立无念为宗旨，世人脱离外在的现象，不在心念上有所妄动。如果没有有念，无念也就不成立。无者，无什么事呢？念者，念什么物呢？无者，就是摆脱二元对立的各种烦扰；念者，念念不断的是本来如此的最高真理。真如是念的本体，念乃真如的运用。心念缘起于自己的真如本性，那么，虽然处于日常生活的各种行为之中，仍然不会粘着于所有的形形色色，而总能脱离烦恼的束缚，圆融无碍。《维摩经》说：对外，善于观察认识宇宙万物的事相，对内，信仰最高的绝对真理，毫不动摇。

善知识，此法门中坐禅原不著心，亦不著净，亦不言不动。若言看心，心原（古作"元"）是妄，妄如幻故，无所看也。若言看净，人性本净，为妄念故，盖覆真如，离妄念，本性净。不见自性本净，起心看净，却生净妄。妄无处所，故知看者却是妄也。净无形相，却立净相。言是工夫，作此见者，障自本性，却被净缚。若修不动者，不见一切人过患，是性不动；迷人自身不动，开口即说人是非，与道违背。看心看净，却是障道因缘。

【白话译文】

各位，按照刚才所讲的觉悟方法，所谓坐禅，不必拘泥于精神上的追求，也不必刻意于清净的境地，也不会要求修道者一动不动地坐在那里。如果说看到心，我们的心理状态原本虚妄，虚妄就像幻觉，所以，并没有什么可看的。如果说要看到净，人的本性本来就清净，因为妄念遮蔽了真如，只要去掉妄念，本性就清净了。不去领悟自己的本性本来清净，而非要刻意去寻求清净，无端地生出关于清净的妄念。妄念只是幻影，不能坐实，所以，连看的人都变得虚妄了。净是没有什么形相，却非要确立一种净的形相。做这样工夫和持这样见解的人，阻碍了本性的显现，被净所束缚。如果修炼禅定的人，看不到一切人的过失不足，那么，说明他（她）做到了如如不动,而迷失的人,自己的身体好像在禅定的样子,但一开口,就说别人的是是非非,和佛法相违背。看心也罢,看净也罢,听起来很崇高,实际上把自己引向歧路,离觉悟的目的地越来越远。

今既如是,此法门中何名坐禅?此法门中一切无碍,外于一切境界上,念不起为坐,见本性不乱为禅。何名为禅定?外离相为禅,内不乱曰定。外若著相,内心即乱;外若离相,内性不乱。本性自净自定,只缘境触,触即乱,离相不乱即定。外离相即禅,内不乱即定。外禅内定,故名禅定。《维摩经》云:即时豁然,还得本心。《菩萨戒经》云:戒本源自性清净。善知识,见自性自净,自修自作自性法身,自行佛行,自作自成佛道。

【白话译文】

既然如此,那么,按这种成佛的方法,怎样才是真正的坐禅呢?这种成佛的方法讲究一切圆融无碍,外在的形形色色,不引起心中的妄念,就叫"坐",显现自己的本性,不迷乱,就叫"禅"。什么叫禅定呢?能够超越形相就叫禅,内心不迷乱就叫定。对于外在形色如果不能超越,内心就会迷乱;如果能够不受外在形相的左右,内心也就能安定。本性本来清净安定,只因为我们对各种情景会有所感触,有感触就迷乱了,超越这些情景,做到内心不迷乱,就是定了。摆脱外部形相的系缚，就是禅，摆脱内部心灵的紊乱，就是定。对外是禅，对内是定，所以叫做禅定。《维摩经》说：刹那之间一片开朗，回到了本原的心性。《菩萨戒经》说：戒的本意是要让我们回到本来就清净的状态。各位。自己去发现自己的本性，自己清净下来，自己去修炼，自己去完成自性法身，按照佛法去行动，自己达臻佛的境界。

善知识，总须自体，与授无相戒。一时逐惠能口道，令善知识见自三身佛，于自色身皈依清净法身佛，于自色身皈依千百亿化身佛，于自色身皈依当来圆满报身佛。（以上三唱）色身是舍宅，不可言归。向者三身，自在法性，世人尽有，为迷不见。外觅三身如来，不见自色身中三身佛。善知识，听与善知识说，令善知识于自色身见自法性有三身佛。此三身佛，从自性上生。何名清净（法）身佛？善知识，世人性本自净，万法在自性。思维一切恶事，即行于一切恶行；思量一切善事，便修于善行。知如是一切法尽在自性。自性常清净，日月常明，只为云覆盖，上明下暗，不能了见日月星辰，忽遇惠风吹散卷尽云雾，万象森罗，一时皆现。世人性净，犹如清天，慧如日，智如月，智慧常明。于外著境，妄念浮云盖覆，自性不能明。故遇善知识，开真正法，吹却迷妄，内外明彻，于自性中万法皆现。一切法在自性，名为清净法身。自皈依者，除不善心及不善行，是名皈依。何名为千百亿化身佛？不思量性即空寂，思量即自化。思量恶法化为地狱，思量善法化为天堂，毒害化为畜生，慈悲化为菩萨，智慧化为上界，愚痴化为下方。自性变化甚多，迷人自不知见。一念善，智慧即生。一灯能除千年暗，一智能灭万年愚。莫思向前，常思于后，常后念善，名为报身。一念恶，报却千年善亡；一念善，报却千年恶灭。无常已来后念善，名为报身；从法身思量，即是化身；念念善，即是报身。自悟自修，即名皈依也。皮肉是色身，色身是舍宅，不言皈依也。但悟三身，即识大意。

【白话译文】

各位，抓住了自性，再来讲授无相的戒律，就很容易明白了。通过我的嘴把佛的道理讲出来，使得各位自己发现三种佛的身体。从我们自己的色身上升华到清净法身佛，从我们自己的色身上升华到千百亿化身佛，从我们自己的色身升华到当来圆满报身佛。色身只不过房屋，不是我们最终的归宿。这三种佛身，就在法性之中，每个人都具备，只不过迷误了而没有发现。于是，苦苦地向外去寻求三身如来，却不知三身佛就在自己的色身中。

各位，我想把这个道理告诉大家，使得大家从自己的色身上去发现本身的法性里就有三身佛。这三身佛，是从自己的本性上发生的。什么叫清净法身佛呢？

各位，每个人的本性本来就清净，一切觉悟的方法其实就在自己的本性里。一天到晚想着邪恶的事情，当然就会去做坏事；一天到晚想着良善的事情，当然就会去做好事。因此我们说，一切觉悟的方法都在你自己的本性里。自己的本性恒常地清净，就像太阳和月亮，任何时候都是光明的。只是当乌云覆盖的时候，我们从下面看上去，以为太阳和月亮变暗了，其实，在云的上面，仍是光明一片。忽然吹过一阵微风，一切又变得清晰可见。每个人的本性清净，就像清澈的天空，慧像太阳，智像月亮，永久地光明着。当我们被外在的形相所束缚，妄念就像浮云那样遮住了自性，我们的生活就变得晦暗。如果遇到觉悟了的智者，开启真正的方法，吹掉迷妄，内外都明亮清澈，自性就会显现出一切觉悟的法门。一切的觉悟方法都在自性之中，这就叫清净法身。

什么叫皈依呢？就是去除不善的心念和不善的行为。什么叫千百亿化身佛呢？不想的时候，本性空空寂寂，想的时候，就是自己度化自己。想着邪恶的东西，就变成了地狱，想着善良的东西，就变成了天堂，有害的行为使我们成为畜生，慈悲的行为使我们成为菩萨，智慧引导我们进入解脱的界域，愚痴把我们带向欲望的界域。

自己的本性有很多变化，迷妄的人自己无法知道和发现。一个良善的念头，即会生发智慧。一盏灯可以去掉千年的黑暗，一点智慧可以消灭万年的愚痴。过去的事情已经过去了，不必再想来想去，倒是应该想想以后怎么办。一心想着以后因而从即刻起就不断行善，就叫报身。一个恶念，可以把你积聚了千年的善行化为乌有；一个善念，可以把你积聚了千年的恶行消除干净。至死都念念不忘善，就叫报身；所有想的，都围绕着自性，就是化身；每个念头都是善的，就是报身。自己明白了道理自己修行，就是皈依。身体是色身，色身是房屋，不能说是皈依。只要知道了三身，也就知道了佛法的大概。

今既自皈依三身佛已，与善知识发四弘大愿。善知识一时逐惠能道：

众生无边誓愿度，

烦恼无边誓愿断，

法门无边誓愿学，

无上佛道誓愿成。（三唱）

善知识，众生无边誓愿度，不是惠能度。善知识，心中众生，各于自身自性自度。何名自性自度？自色身中邪见烦恼、愚痴迷妄，自有本觉性。只本觉性，将正见度。既悟正见般若之智，除却愚痴迷妄，众生各各自度。邪来正度，迷来悟度，愚来智度，恶来善度，烦恼来菩提度。如是度者，是名真度。"烦恼无边誓愿断"，自心除虚妄。法门无边誓愿学，学无上正法。无上佛道誓愿成，常下心行，恭敬一切，远离迷执，觉智生般若，除却迷妄，即自悟佛道成，行誓愿力。

【白话译文】

既然已经皈依了三身佛，我们就一起发四大宏愿。大家于是跟着惠能发愿：

无数的众生，我愿意去度化，

无尽的烦恼，我愿意去断除，

无边的佛法，我愿意去学习，

无上的境界，我愿意去完成。（重复三次）

各位，无数的众生，需要去度化，并不是我惠能去度化。各位，众生都要从自己的身体上自己发现本性，自己觉悟。什么叫自性自度呢？我们的色身附着了种种错误的看法、烦恼的情绪，还有愚昧的痴迷、妄想，但同时，我们色身中自己具备了觉悟的本性，只要确立了正确的见解，就可以度化自己。悟到了正确的见解，就具有了从愚痴迷妄中解脱出来的智慧，众生就可以自己度化自己。用正去度化邪，用悟去度化迷，用智去度化愚，用善去度化恶，用菩提去度化烦恼，这样的度法，是真正的度。"烦恼无边誓愿断"，意思是自己从心性上去除虚妄。"法门无边誓愿学"，意思是学习无上的正确方法。"无上佛道誓愿成"，意思是经常用心去实行，以恭敬的态度对待一切，远远地离开迷误、执著，我们的觉悟体认，会生发出观照空理的智慧，驱除迷妄，这就是自己觉悟成就佛道，也可以说是愿力成就完满的行为。

今既发四弘誓愿，说与善知识无相忏悔，灭三世罪障。

大师言：善知识，前念后念及今念，念念不被愚迷染，从前恶行，一时自性若除，即是忏悔。前念后念及今念，念念不被愚痴染，除却从前矫诳，杂心永断，名为自性忏。前念后念及今念，念念不被疽疫染，除却从前嫉妒心，自性若除，即是

忏。(已上三唱)

善知识,何名忏悔?忏者,终身不作;悔者,知于前非恶业,恒不离心。诸佛前口说无益,我此法门中永断不作,名为忏悔。

【白话译文】

发过四大宏愿,惠能又为大家传授无相忏悔的法门,这个法门让我们体会罪过本空、无相无生的道理,从而消除过去、现在、未来三世的罪障。

大师说:各位,任何时刻的每个心念,都不要被愚痴迷妄所污染,过去的邪恶行为,只要即刻从自性上予以根除,就是忏悔了。任何时刻的每个心念,都不要被愚痴迷妄所污染,祛除从前的矫饰欺诳,永远断除杂乱的心念,就叫做自性忏。任何时刻的每个心念,都不要被疾病所污染,祛除从前的嫉妒心,从自性上真正根除,就叫忏。(以上重复三次。)

各位,什么叫忏悔?所谓忏,就是一辈子不再重复做错误的事;所谓悔,就是知道过去的种种恶业,永远不做违心的事。在佛的面前嘴上说说没有什么用,我所讲的方法,强调永远断绝恶念不再做错事,才叫忏悔。

今既忏悔已,与善知识授无相三皈依戒。大师言:善知识,皈依觉,两足尊。皈依正,离欲尊。皈依净,众中尊。从今已后,称佛为师,更不皈依邪迷外道。愿自三宝慈悲证明。

善知识，惠能劝善知识皈依自性三宝。佛者，觉也；法者，正也；僧者，净也。自心皈依觉，邪迷不生，少欲知足，离财离色，名两足尊。自心皈依正，念念无邪故，即无爱著，以无爱著，名离欲尊。自心皈依净，一切尘劳妄念虽在自性，自性不染著，名众中尊。凡夫不解，从日至日，受三皈依戒。若言归佛，佛在何处？若不见佛，即无所归。既无所归，言却是妄。善知识，各自观察，莫错用意。经中只言自皈依佛，不言皈依他佛，自性不归，无所依处。

【白话译文】

忏悔完毕，便向大家传授无相三皈依戒。大师说：各位，皈依佛陀，达到两足尊，皈依佛法，达到离欲尊，皈依僧伽，达到众中尊。从现在开始，把佛陀称为老师，不再相信别的什么邪门歪道。用我们自性中本来具有"三宝"慈悲证明。各位，我劝大家皈依自性中的三宝。佛，即觉悟，法，即无上的真理，僧，即清净。自己的心性皈依觉悟，就不会产生邪迷，欲望减少，甘于平淡，超越财色，这叫两足尊。自己的心性皈依无上的真理，什么时候心念都自然无邪，没有什么执著，因为无所执著，所以叫离欲尊。自己的心性皈依清净，虽然仍然处于日常生活之中，但自性依然明澈，这叫众中尊。愚昧的人不了解"三宝"就在自性中的道理，徒劳地日复一日地向外去寻求"三皈依"。如果说皈依佛，佛在哪里呢？如果见不到佛，就无所皈依了。既然无所皈依，说皈依佛即为虚妄。各位,请各自观察,不要把意思领会错了。经书上只说自己皈依佛,没有说有一个自性以外的佛可以皈依,如果无法回到自性,实际上就无所皈依。

今既自皈依三宝,总各各至心与善知识说摩诃般若波罗蜜法。善知识虽念不解,惠能与说,各各听。

摩诃般若波罗蜜者,西国梵语,唐言大智慧到彼岸。此法须行,不在口念;口念不行,如幻如化。修行者法身与佛等也。何名摩诃?摩诃者是大,心量广大,犹如虚空。若空心禅,即落无记空。世界虚空,能含日月星辰、山河大地、一切草木、恶人善人、恶法善法、天堂地狱,尽在空中。世人性空,亦复如是。性含万法是大;万法尽是自性。见一切人及非人、恶之于善、恶法善法,尽皆不舍,不可染著,犹如虚空,名之为大。此是摩诃。迷人口念,智者心行。又有迷人空心不思,名之为大。此亦不是。心量大,不行是小。若口空说,不修此行,非我弟子。

【白话译文】

已经从自性上皈依三宝,因而可以再深入到心灵层面,讲授如何到彼岸的大智慧。我愿意仔细地为大家解说。

摩诃般若波罗蜜,是西方的梵语,汉语的意思是到彼岸的大智慧。这个修行方法必须亲身实行,而不只是口上说说。只说不做,没有任何益处。按照这个方法真正修行的人,他的法身其实和佛是一样的。什么叫摩诃？是大的意思，心像虚空一样广大。就像进入了空的禅定，纯然地超越了善恶的境界。世界因为虚空，所以能包含日月星辰、山河大地、一切草木、恶人善人、恶法善法、天堂地狱，存有的一切，都在其中。我们的自性是空的，也可以如此地广大。自性含藏了一切的存在，就是大；存在中的一切，都显现着真理。见到所有的人及非人、恶与善、恶法善法，都不舍弃，但同时又不执著，犹如虚空容纳万物一样，这就叫大，也叫摩诃。迷误的人只是口上说说，而智者用心去行动。还有些迷误的人以为不思不想就是空了，就是大了，其实并不对。心量广大，但如果没有融入日常的行为里，那么还是小。如果只是嘴上工夫，不实实在在地修行这个法门，就不是我的弟子。

何名般若？般若是智慧。一切时中，念念不愚，常行智慧，即名般若行。一念愚即般若绝；一念智即般若生。世人心中常愚，自言我修般若。般若无形相，智慧性即是。何名波罗蜜？此是西国梵音，唐言到彼岸，解义离生灭。著境生灭起，如水有波浪，即是为此岸；离境无生灭，如水承长流，故即名到彼岸，故名波罗蜜。迷人口念，智者心行。当念时有妄，有妄即非真有。念念若行，是名真有。悟此法者，悟般若法，修般若行。不修即凡。一念修行，法身等佛。善知识，即烦恼是菩提。前念迷即凡，后念悟即佛。善知识，摩诃般若波罗蜜，最尊最上第一，无住无去无来，三世诸佛从中出，将大智慧到彼岸。打破五阴烦恼尘劳，最尊最上第一。赞最上乘法，修行定成佛。无去无住无来往，是定慧等，不染一切法，三世诸佛从中出，变三毒为戒定慧。

善知识，我此法门从一般若生八万四千智慧。何以故？为世人有八万四千尘劳。若无尘劳，般若常在，不离自性。悟此法者，即是无念，无忆无著，莫起杂妄，即自是真如性。用智慧观照，于一切法不取不舍，即见性成佛道。

【白话译文】

什么叫般若？般若即智慧。任何时刻，每个心念都摆脱了愚痴，充满洞见，就叫般若行。一个念头陷于愚痴，般若就消失；一个念头透着智慧，般若就产生。

人们心中常常愚昧，说什么我要修炼般若。般若并无形相，智慧生发了就是般若。什么叫波罗蜜？这是西方国家的梵语，译成中国话就是到彼岸，意思是超越生死的轮回。黏著于现象，就会有发生、失去的循环，如同水有波浪，即为此岸；超越了现象，就无所谓发生、失去的循环，如同水永久地在流动，所以叫做彼岸，即波罗蜜。

迷误的人只是口头上明白，而智慧的人用心去做。当心念有迷妄时，就不是真正的存有。每个心念都不迷妄，才是真正的存有。觉悟到了这个法门，就会领悟到般若的真理，并践行般若的行为。没有般若的修为，就是凡俗。刹那间修行，悟到的自性和佛陀一样。各位，证得佛位的智慧，其实就从烦恼中而来，所以说，烦恼即菩提。前一刻迷妄的就是凡俗，后一刻觉悟了就是佛。各位，到彼岸的大智慧，最重要的是，没有现在、没有过去，也没有未来，从过去、现在、未来中觉悟而升华到超越境界，抵达彼岸。打破生理与心理引发的种种烦恼尘劳，这是最重要的。让我们赞美最上乘的真理，并按照真理修行，就一定能够达到佛的境界。超越过去未来、不执着于现在，就是定慧等一；一切现象都不能影响摇动自己，过去、现在、未来三世的佛就会显现，贪嗔痴三毒就成了戒定慧。各位，我的法门从一般若可以生出万千智慧。为什么？因为世人有万千的尘劳。如果没有尘劳，般若常在，我们就不会离开自己的本性。明白了这个道理，就是无念，不起任何妄念，始终处于真如本性。用智慧去观照一切，既不执着也不舍弃，就是见性成佛了。

善知识，若欲入甚深法界，入般若三昧者，直须修般若波罗蜜行，但持《金刚般若波罗蜜经》一卷，即得见性入般若三昧。当知此人功德无量。经中分明赞叹，不能具说。此是最上乘法，为大智上根人说。小根智人若闻法，心不生信。何以故？譬如大龙，若下大雨，雨于阎浮提，城邑聚落，悉皆漂流，如漂草叶；若下大雨，雨于大海，不增不减。若大乘者，闻说《金刚经》，心开悟解。故知本性自有般若之智，自用智慧观照，不假文字。譬如其雨水，不从天有，原是龙王于江海中将身引此水，令一切众生，一切草木，一切有情无情，悉皆蒙润。诸水众流，却入大海，海纳众水，合为一体。众生本性般若之智，亦复如是。小根之人，闻说此顿教，犹如大地草木根性自小者，若被大雨一沃，悉皆自倒，不能增长；小根之人亦复如是。有般若之智与大智之人，亦无差别，因何闻法即不悟？缘邪见障重，烦恼根深，犹如大云覆盖于日，不得风吹，日无能现。般若之智亦无大小。为一切众生自有迷心，外修觅佛，未悟自性，即是小根人。闻其顿教，不假外修，但于自心，令自本性常起正见，一切邪见烦恼尘劳众生，当时尽悟，犹如大海纳于众流，小水大水合为一体，即是见性。内外不住，来去自由，能除执心，通达无碍。心修此行，即是见性。内外不住，来去自由，能除执心，通达无碍。心修此行，即与《般若波罗蜜经》本无差别。

【白话译文】

各位，如果我们想进入最终极的真理和智慧，就要修行到彼岸的大智慧，只要秉持《金刚般若波罗蜜经》一卷，就能够觉悟获得深邃的智慧。诵读《金刚经》并觉悟的人一定会功德无量。这在经中已经说得很明白，无须再说。这是最上乘的真理，为根性颖慧的人所说。根性劣钝的人即使听到了这个真理，也不会相信。

为什么呢？就像巨大的龙，下大雨的时候，把雨下在人们居住的世界，城市、村落都漂浮在水面，好像草叶一样。如果下到大海里，那么水就既没有增加，也没有减少。具有利他心的大智慧者,听到《金刚经》,心灵敞开,觉悟明白。

所以说本性中本身具有觉知万物皆空的智慧,自己去观察、发现、领悟,无须文字。就像雨水,不是从天上来的,而是龙王在江海里以自己的身体把水引来,使得一切的众生,一切的草木,一切的有情与无情,都得到滋润。所有的水都流入大海,变成一个整体。众生本性中的大智慧,也是这样的。根器愚笨的人,听到这种以顿悟为核心的真理,就好像地上的草木,被大雨浇淋,全都自己倒下,不再增长;根器愚笨的人也是如此。根器愚笨的人和那些根器颖慧的人一样,本身都具有观照空理的智慧,为什么听闻真理而没有立即觉悟?因为有重重不正确的见解,还有深深的烦恼,如同乌云覆盖了太阳,风不吹散乌云,太阳就不能显现。

观照空理的智慧并无大小之分。一切的众生如果心是迷失的,向外去寻求成佛,觉悟不到自己的本性,就是小根之人。听闻顿悟的道理,不依赖外在的修炼,而是从自己的心性上升起正确的见解,那么,即使是充满着烦恼尘劳的众生,也能当下觉悟,就像大海容纳来自四面八方的水流,无论细小的溪流还是雄浑的江水,都合为一个整体,这就叫见性。对内对外都不执著,来去自由,通达无碍。能够用心修行这个方法,就与《般若波罗蜜经》没有什么差别了。

一切经书及文字,大小二乘十二部经,皆因人置,因智慧性故,固然能建立。若无世人,一切万法本亦不有。故知万法,本从人兴,一切经书,因人说有。缘在人中,有愚有智。愚为小人,智为大人。迷人问于智者,智人与愚人说法,令彼愚者悟解心开。迷人若悟解心开,与大智人无别。故知不悟,即佛是众生;一念若悟,即众生是佛。故知一切万法尽在自身心中。何不从于自心,顿见真如本性。《菩萨戒经》云:戒本源自性清净。识心见性,自成佛道。《净名经》云:即时豁然,还得本心。

【白话译文】

一切的经书和文字,大乘、小乘十二种类型的经书,都是根据不同的人而设置的,凭着智慧的本性,才能领悟。如果没有人的存在,一切的现象和真理都变得没有意义了。所以说,凡事本来都是因应着人而兴起,所有的经书,根据不同的人有不同的教法。因为人有愚笨的,也有聪明的。愚笨的就是小人,智慧的就是大人。迷失的人要向觉悟的人请教,智慧的人要向愚笨的人宣讲佛法,使得愚笨的人能够觉悟而开启心灵。迷失的人一旦明白了开启了心灵,和大智慧的人就没有什么差别了。

所以说,不觉悟的话,佛是众生;刹那间觉悟了,众生就成了佛。因此,一切的真理都在自己的心性里。为什么不从自己的心性上,即刻显现最终极的本性呢?《菩萨戒经》说:

戒的目的,是回到我们本来清净的本性。自己回到心灵的深处，回到本来的样子，成就佛的境界。《净名经》说：刹那间突然明白，回到了本性。

善知识，我于忍和尚处一闻，言下大悟，顿见真如本性。是故将此教法流行后代，令学道者顿悟菩提，各自观心，令自本性顿悟。若不能自悟者，须觅大善知识示道见性。

【白话译文】
各位，我从忍和尚那里听闻到佛法，一下子就开悟了，刹那间领悟到了最终极的本性。因此把这个真理传播开来流传后世，使学佛的人马上领悟到万法本空的智慧，各自观照自己的心性，从自己的本性上觉悟。如果无法自己觉悟，就要找觉悟的智者来启发引导自己。

何名大善知识？解最上乘法，直示正路，是大善知识，是大因缘。所谓化道，令得见性。一切善法，皆因大善知识能发起故。三世诸佛，十二部经，在人性中本自具有，不能自悟，须得善知识示道见性。若自悟者，不假外求善知识。若取外求善知识，望得解脱，无有是处。识自心内善知识，即得解脱。若自心邪迷，妄念颠倒，外善知识即有教授，救不可得。汝若不得自悟，当起般若观照，刹那间，妄念俱灭，即是真正善知识，一悟即至佛地。自性心地，以智慧观照，内外明彻，识自本心。若识本心，即是解脱。既得解脱，即是般若三昧。悟般若三昧，即是无念。

【白话译文】

什么叫大善知识？理解最上乘的真理，直接显示正确的道路，就是大善知识，也是大机缘。所谓化道，就是引导别人看到本性的意思。一切趋于真理的方法，都是因为大善知识能够自己生发的缘故。所有的佛法，都是我们心性中本来具有的。只有在不能自己觉悟的情况下，才必须靠善知识（有佛缘的人）的启发引导。如能自己觉悟，就无须借助善知识的启迪。但是，从根本上讲，善知识并不能替我们获得解脱。只有自己真正从内心深处把握到佛性，解脱才是可能的。如果自己内心邪恶迷妄，那么即使有善知识的教导，仍然不可救药。当自己无法觉悟的时候，应当运用般若的智慧，观照形色的存在，悟到空性的真理，刹那间虚妄的念头全部消失，就成为真正的善知识，一觉悟就达到佛的境界。回返自己的本性，以智慧去观照一切的存有，无论内心还是外在，都变得明净清澈，沐浴在本性的光辉里。如果领悟到了本性，就是解脱。既然得到解脱，就是明白了空性的真理而进入了澄明的境地。明白了空性的。真理而进入澄明的境地，就是无念。

何名无念？无念法者，见一切法，不著一切法；遍一切处，不著一切处。常净自性，使六贼从六门走出，于六尘中不离不染，来去自由，即是般若三昧，自在解脱，名无念行。若百物不思，当令念绝，即是法缚，即名边见。悟无念法者，万法尽通。悟无念法者，见诸佛境界。悟无念顿法者，至佛位地。

【白话译文】

什么叫无念？见到一切，但不执著于一切；处于任何处所，但不执著于上面，自己的内心总是清净，使得缘于眼、鼻、耳、舌、身、意六根的攀缘外境的种种妄想，从眼、鼻、耳、舌、身、意六门中出走，在色、声、香、味、触、法六种外境里，既不离弃，也不执染，自由自在地来来去去，明白了空性的真理而进入澄明的境地，获得大自在大解脱，名为无念行。假如什么都不想，什么念头也没有，就是被刻意追求真理的心所束缚了，是不只看到一面的偏见。悟到无念的道理，所有道理也都通晓了。悟到无念的道理，就可以见到佛的各种境界。顿悟到无念的道理，就和佛在同一个层面了。

善知识，后代得吾法者，常见吾法身不离汝左右。善知识，将此顿教法门于同见同行，发愿受持，如事佛教，终身受持而不退者，欲入圣位，然须传授（古作"受"）。从上已来，默然而付于法，发大誓愿，不退菩提，即须分付。若不同见解，无有志愿，在在处处，勿妄宣传，损彼前人，究竟无益。若愚人不解，谤此法门，百劫千生，断佛种性。

【白话译文】

各位，我所教导的真理要一代一代地传，我所领悟到的佛性不会随着我身体的消亡而消亡，会在时间的流转里不断地向你显现。各位，把这个顿教的方法和理念广为传播，凡是愿意学习并践行的人，恭敬地侍奉佛法，一辈子不改变信念和行为，但想要进入最高的境地，需要一种传承。从最初开始，这个法门就是凭借默契一代一代传授下来，一旦接受，就要发大誓愿，守持深永的智慧。假如有不同的看法，没有这方面的志愿，也不要在任何地方，随便议论，贬低前人，究竟没有什么益处。如果愚昧痴谇的人不理解，诽谤这个法门，那么，就会永久地失去获得解脱的机缘。

大师言：善知识，听吾说《无相颂》，令汝迷者罪灭。亦名《灭罪颂》。颂曰：

愚人修福不修道，
谓言修福便是道。
布施供养福无边，
心中三恶原来造。
若将修福欲灭罪，
后世得福罪元在。
若解向心除罪缘，
各自性中真忏悔。
若悟大乘真忏悔，

除邪行正即无罪。
学道之人能自观,
即与悟人同一类。
大师今传此顿教,
愿学之人同一体。
若欲当来觅本身,
三毒恶缘心里洗。
努力修道莫悠悠,
忽然虚度一世休。
若遇大乘顿教法,
虔诚合掌至心求。

【白话译文】

大师说:各位,让我给大家说说《无相颂》,可以为迷妄的人消除罪孽。也叫《灭罪颂》。颂是这样的:

愚昧的人培植现世的福气,却忽略了最终极的真理,

而误以为培植现世的福气即是最终极的真理了。

施舍钱财并且供奉佛像和佛门弟子,确实可以积累无边的福气,

然而,心中的贪婪、愤怒、愚痴非但并没有根除,反而不断滋生。

想用培植福气来除灭罪孽,

即使来世得到了福气,但罪孽还在。

假如懂得从自己内心铲除罪恶的因缘，
就能够在自己的本性中得到真正的忏悔。
假如懂得什么是大乘之教的真正忏悔，
那么，远离邪恶、行为正直就是没有什么罪孽了。
学道的人能够自省内心，见到自己的本性，
就和觉悟的人达到了同样的境地。
一代一代的大师指示我们把这个顿教传布下去，
凡是愿意学习的人都是一体相同。
如果想当即把握到不被分别相所污染的本体之身，
只要清洗掉心中的贪婪、愤恨、愚痴就可以了。
各位要努力领悟真理，不要虚度年华，
转眼之间时光飞逝，却一无所得。
如果遇到大乘顿悟之教，
应当虔诚合掌，用心灵去寻求领悟。

大师说法了，韦使君、官僚、僧众、道俗，赞言无尽，昔所未闻。

使君礼拜，白言："和尚说法，实不思议。弟子尝有少疑，欲问和尚，望和尚大慈大悲，为弟子说。"

大师言："有疑即问，何须再三。"

使君问："（和尚所说）法，可不是西国第一祖达摩祖师宗旨？"

大师言："是。"

使君问:"弟子见说达摩大师化梁武帝,帝问达摩:朕一生已来造寺、布施、供养,有功德否?达摩答言:并无功德。武帝惆怅,遂遣达摩出境。未审此言,请和尚说。"

六祖言:"实无功德,使君勿疑。达摩大师言武帝著邪道,不识正法。"

使君问:"何以无功德?"

和尚言:"造寺、布施、供养,只是修福,不可将福以为功德。功德在法身,非在于福田。自法性有功德。自性虚妄,法身无功德。念念行平等直心,德即不轻。常行于敬,自修身即功,自修心即德。功德自心作,福与功德别。武帝不识正理,非祖大师有过。"

【白话译文】

惠能大师讲完后,大家都赞叹不已,觉得从来没有听到过这样精辟的见解。

韦使君上前礼拜,请教说:"大师您说的道理,实在透彻。但弟子还有一点疑问,想要求教您,希望您慈悲,为我解说。"

惠能回答:"有疑问就问,不必犹豫。"

使君问: "您所说的,是不是西国第一祖师达摩的宗旨?"

惠能回答:"是的。"

使君问:"弟子听说,达摩大师度化梁武帝的时候,武帝问:

朕一直修造寺庙、布施财物、供养佛、法、僧，请问有没有功德？达摩回答：没有什么功德。武帝听了微微不悦，就派人送达摩出境。我对于达摩的说法，不太理解，请大师您为我解说。"

惠能说："确实没有什么功德，你不要怀疑。达摩大师认为武帝的方法不正确，没有真正理解佛法。"

使君问："为什么没有功德呢？"

惠能说："修造寺庙、布施财务、供养佛、法、僧，只是培植福气，不能将培植福气当作了功德。功德在于佛性，不在于福田。要从自己的佛性上产生功德。如果自己的思想还是虚妄的，那么，你就不可能有真正的功德。每时每刻超越分别相自然地活着，就会有很大的德。行为上总是恭敬，自己修炼身体，即为功，自己修炼心灵，即为德。功德来自自己的心性，与福德并不相同。是梁武帝对于佛法没有正确的理解，而非达摩祖师有什么错。"

使君礼拜。又问："弟子见僧俗常念阿弥陀佛，愿往生西方。请和尚说得生彼否？望为破疑。"

大师言："使君，听惠能与说。世尊在舍卫城说西方引化，经文分明，去此不远。只为下根说远，说近只缘上智。人有两种，法无两般。迷悟有殊，见有迟疾。迷人念佛生彼，悟者自净其心。所以佛言：随其心净则佛土净。使君，东方人但净心即无罪；西方人心不净亦有愆，迷人愿生东方。两种所在处，并皆一种心地，但无不净。西方去此不远，心起不净之心，念佛往生难到。除十恶即行十万，无八邪即过八千，但行直心，到如弹指。使君，但行十善，何须更愿往生？不断十恶之心，何佛即来迎请？若悟无生顿法，见西方只在刹那；不悟顿教大乘，念佛往生路远，如何得达？"

【白话译文】

使君礼拜。又问："弟子见到僧俗常常念阿弥陀佛，希望来生到达西方。请问大师，这样念佛就能往生西方吗？望能为我解惑。"

惠能说："使君，请听我为你解释。当年释迦牟尼在舍卫城用西方净土来引导化度众生，经书上记载得很清楚，西方离这里并不遥远。对于悟性低的人来说，西方很远，对于悟性高的来说，西方很近。人分两种，但法只有一种。迷与悟不一样，见解也有快与慢之分。迷妄的人通过念佛，祈求往生西方，而觉悟的人并无所求，自己清净自己的心性。所以佛说：你的心是清净的，佛土就是清净的。使君，东方人如果心清净了，就去除了罪孽；西方人如果心无法清净，那么，仍背负着罪孽。两种不同的空间，但是，心地是一样的，没有什么不清净。西方离此地确实很近，但是，如果心里起了不清净的念头，即使念佛，往生也很难到达。除掉十恶，等于走了十万里路，除掉八邪，等于过了八千里。时刻守持着自己的本性，那么，弹指间就可以到达西方。使君，只要你不断地行善事，又何须祈求往生西方？如果不能断除恶念恶行，又怎么会有佛来请你去西方？如果你明白了无生无灭的顿教法门，刹那间就可以见到西方。不明白顿教大乘的道理，无论怎样念佛，西方的路都很遥远，如何到达呢？"

六祖言："惠能与使君移西方刹那间，目前便见。使君愿见否？"

使君礼拜（言）："若此得见，何须往生。愿和尚慈悲，为现西方，大善。"

大师言："一时见西方，无疑即散。"

大众愕然，莫知何事。

大师曰："大众大众作意听，世人自色身是城，眼耳鼻舌身是城门，外有五门，内有意门。心即是地，性即是王。性在王在，性去王无。性在身心存，性去身心坏。佛是自性作，莫向身外求。自性迷，佛即是众生；自性悟，众生即是佛。慈悲即是观音，喜舍名为势至，能净是释迦，平直即是弥勒。人我即是须弥，邪心即是海水，烦恼即是波浪，毒心即是恶龙，尘劳即是鱼鳖，虚妄即是鬼神，三毒即是地狱，愚痴即是畜生，十善即是天堂。无人我，须弥自倒；除邪心，海水竭；烦恼无，波浪灭；毒害除，鱼龙绝。自心地上觉性如来，施大智慧光明，照耀六门清净，照破六欲诸天下，照三毒若除，地狱一时消灭。内外明彻，不异西方。不作此修，如何到彼？"

座下闻说，赞声彻天，应是迷人了然便见。使君礼拜，赞言："善哉！善哉！普愿法界众生，闻者一时悟解。"

【白话译文】

惠能说:"我让西方即刻显现在你的眼前,使君你愿意看吗?"

使君礼拜,说:"如果此刻就能见到西方净土,何须再求往生西方。望大师慈悲,为我们大家显现西方,善莫大焉。"

惠能说:"就在此刻,我们已经到西方了。如果没有疑问,就解散吧。"

众人一时愕然,不知发生了什么事。

惠能说:"各位,请仔细听了。我们自己的色身是城,眼耳鼻舌身是城门,外面有五个门,里面有一个意门。心像大地,本性像君王。本性在的话,君王就在,本性丢失了,君王也就不存在了。本性在的话,身体和精神就存在,本性不在的话,身体和精神也就毁灭了。

佛是从自己的本性中求得的,千万不要向外寻求成佛的方法。自己的本性迷失了,即使是佛,也会变成众生;自己的本性觉悟了,即使是众生,也会变成佛。有慈悲的胸怀,就是观音菩萨,有施舍的情怀,就是势至菩萨。能够自我清净下来,就是释迦牟尼佛,能够平直无碍,就是弥勒佛。分别人我,就是须弥山,邪恶的心念就是海水,烦恼就是波浪,毒心就是恶龙,尘劳就是鱼鳖,虚妄就是鬼神,三毒就是地狱,愚痴就会是畜生,十善就是天堂。假如没有人我的分别,须弥山就会倒下;除掉了毒害,鱼龙也就绝迹了。从自己的心地上体验本性，自己本性的智慧就会大放光明，使六门清净，能解除六重天的束缚。观照自己的本性，三毒就会除去，地狱即刻就消失了。本心内外明亮透彻，和西方佛土没有什么不同。如果不这样修行，怎么能到达西方佛土？

在座的各位听后，一片赞叹。就算是迷失的人，也应该有所明白了。使君礼拜说："愿世上听到大师说法的人，都能立刻悟到佛的真理。"

大师言："善知识，若欲修行，在家亦得，不由在寺。在寺不修，如西方心恶之人。在家若修行，如东方人修善，但愿自家修清净，即是西方。"

【白话译文】

惠能说："各位，想要修行的话，不一定非要出家当和尚，在家里也可以修行。修行与在家还是出家没有必然关系，如果出家人在寺庙里不修行，就像西方也有心地邪恶之人。在家如果能够修行，就像东方也有行善之人。只要自己修行自己清净，就是到了西方。"

使君问："和尚，在家如何修？愿为指授。"

大师言："善知识，惠能与道俗作《无相颂》，尽诵取，依此修行，常与惠能一处无别。"颂曰：

使君问："大师，在家如何修行呢？请为我们讲授。"

惠能说:"各位,我为大家说《无相颂》,如果好好诵读,照此修行,就等于总是和我在一起。颂文是:

说通及心通,如日处虚空,
惟传顿教法,出世破邪宗。
教即无顿渐,迷悟有迟疾,
若学顿法门,愚人不可悉。
说即虽万般,合理还归一,
烦恼暗宅中,常须生慧日。
邪来因烦恼,正来烦恼除,
邪正悉不用,清净至无余。
菩提本清净,起心即是妄,
净性于妄中,但正除三障。
世间若修道,一切尽不妨,
常见在己过,与道即相当。
色类自有道,离道别觅道,
觅道不见道,到头还自懊。
若欲觅真道,行正即是道,
自若无正心,暗行不见道。
若真修道人,不见世间过,
若见世间非,自非却是左。
他非我不罪,我非自有罪,
但自去非心,打破烦恼碎。
若欲化愚人,事须有方便,

勿令彼有疑,即是菩提现。
法元在世间,于世出世间,
勿离世间上,外求出世间。
邪见是世间,正见出世间,
邪正悉打却,菩提性宛然。
此但是顿教,亦名为大乘,
迷来经累劫,悟即刹那间。"

【白话译文】

因为别人的启发而领悟,以及自己自发地觉悟,
都像太阳悬在虚空一样,照亮了一切。
唯有传授顿教的道理,出现世间是为了破除邪曲之理。
根本的宗旨没有什么顿渐的分别,
但人确实有迷与悟的区别,领悟也有快与慢的不同。
顿然觉悟的方法,愚痴的人无法洞悉。
说道理的人,用了很多的说法来比喻,
所说的其实只有一个唯一的道理。
在这充满烦恼的黑暗屋宇中,
必须常常让智慧的太阳升起。
邪曲的心念是因为烦恼而产生,
正确的领悟会把烦恼铲除。
但归根结底,邪曲与正见都不过是我们意识的产物,
是虚幻的,必须超越它们,才能达到绝对的清净境界。

人的智慧本来是清净的,

一旦起了心念求这求那,或者分别这分别那,

就会偏离事物的本来面目,而陷于虚妄之中。

正确的领悟,能够把各种障碍消除。

如果想在俗世间修道,

日常中的一切都不会是妨碍。

只要常常见到自己的过错,

就与道相契合。

万事万物都有自己的道,

不要离开了各自的道去寻求别的什么道。

因为向外寻求道,最后就见不到道,

到头来自己烦恼。

如果要寻求真正的道,

只要秉持着你自己的本性坦直而行。

如果失去了坦直的心,

就像在黑暗中行走,看不见道路。

真正修道的人,

从不见别人的过错,从不怨天忧人。

如果眼中只看到别人的过错,

实际上是自己有过错。

别人错,我不责怪,

自己错,自己负责。

只要能去除不当有的心念,

就可以打破烦恼的困扰。
如果想度化愚笨的人，必须有方便的办法，
破除他的疑虑，智慧就显现了。
佛法本来都在世间，
同时又超越世间。
你千万不要脱离世间，到世间之外去寻求佛法。
当你的心充满邪见的时候，你就是堕落于尘世，
当你的心充满正见的时候，你就是出离了尘世。
把邪正的分别全部破除，
宛然间就见到智慧的本性。
这就是顿悟之教，也叫大乘之教。
迷失的话，千劫不悟，一世一世地轮回，
觉悟的话，刹那之间，就可以得到终究解脱。

大师言："善知识，汝等尽诵取此偈，依此偈修行，去惠能千里，常在能边。依此不修，对面千里远。各各自修，法不相待。众人且散，惠能归曹溪山。众生若有大疑，来彼山间，为汝破疑，同见佛性。"

合座官僚、道俗，礼拜和尚，无不嗟叹："善哉大悟，昔所未闻。岭南有福，生佛在此，谁能得知。"一时尽散。

【白话译文】

惠能说："各位，请好好诵读这首偈，并且遵照修行，即

使离开我千里之外,也还是在我的身边。如果读了,却不遵照修行,那么,即使在我对面,实际与我相隔千里。请大家各自回去修行,不要虚度光阴。我要回到曹溪山。如果有什么疑问,可以到山里去找我,我会为你解除疑惑,一起领悟到佛性。"

所有的人都向惠能大师礼拜,赞叹:"真是太好了,从来没有受到过这样透彻的启迪。实在是我们岭南有福,想不到有佛菩萨降生于此地。"然后,大家就各自回去了。

大师住曹溪山,韶、广二州行化四十余年。若论门人,僧之与俗,约有三五千人,说不可尽。若论宗旨,传授《坛经》,以此为依约。若不得《坛经》,即无禀受。须知去处、年月日、姓名,递相付嘱。无《坛经》禀承,非南宗弟子也。未得禀承者,虽说顿教法,未知根本,终不免诤。但得法者,只劝修行。诤是胜负之心,与佛道违背。

世人尽传南能北秀,未知根本事由。且秀禅师于南荆府当阳县玉泉寺住持修行,惠能大师于韶州城东三十五里曹溪山住。法即一宗,人有南北,因此便立南北。何以顿渐?法即一种,见有迟疾,见迟即渐,见疾即顿。法无顿渐,人有利钝,故名渐顿。

【白话译文】

惠能大师住在曹溪山中,在韶州和广州传播佛法四十多年。说到门下的信徒，在家的和出家的，大约有三五千人，不能一一列举。说到宗旨，以《坛经》作为经典，以及传承的依约。如果不能得到《坛经》并领会它，就说明不是大师的门下。必须知道去处、年月日、姓名，代代相传。没有继承《坛经》的宗旨，就不是南宗的弟子。没有得到传承的人，即使去说顿教的方法，也不免会引起争论。得到顿教教义的人，只要好好修行就可以了。争论是胜负心在作怪，和佛法是相违背的。

南方有惠能，北方有神秀，这个说法并不完全正确。而且神秀禅师在南荆府当阳县玉泉寺主持修行，惠能大师住在韶州城东三十五里的曹溪山。法只有一宗，但人确实分别住在南方和北方，因此，有所谓南北不同的方法。为什么分顿和渐？法其实只有一种，但领悟佛法确实有快有慢，领悟慢的，叫作渐，领悟快的，叫作顿。佛法本身哪有顿渐之分？只不过人有敏锐迟钝的分别，于是，就有渐与顿两种不同的方法。

神秀师常见人说惠能法疾，直指见路。秀师遂唤门人志诚曰："汝聪明多智。汝与吾至曹溪山到惠能所，礼拜但听，莫言吾使汝来。所听得意旨，记取却来与吾说，看惠能见解，与吾谁疾迟。汝第一早来，勿令吾怪。"

【白话译文】

神秀禅师经常听到人们说惠能的方法使人领悟得比较快，

直接指向根本的道路。神秀禅师于是叫来门人志诚，说："你聪明而且智慧，我想让你去一趟曹溪惠能那儿，向惠能礼拜，并认真听他说法，不要说是我叫你去的。记下你所听到的，回来告诉我，看看惠能的方法，和我的相比，到底谁快谁慢。你尽早回来，不要使我责怪你。"

志诚奉使欢喜，遂行，半月中间，即至曹溪山，见惠能和尚，礼拜即听，不言来处。志诚闻法，言下便悟，即契本心，起立即礼拜，白言："和尚，弟子从玉泉寺来。秀师处，不得契悟，闻和尚说，便契本心。和尚慈悲，愿当教示。"

【白话译文】

志诚高兴地接受了任务，走了大约半个月，到了曹溪山，见到惠能大师，行过礼后就听大师说法，并不说明自己从何处而来。志诚听了惠能的讲授，一下子就明白了，契合到自己的本性，于是，起身礼拜，说："和尚，弟子是从玉泉寺来的。在神秀禅师的门下，一直没有觉悟，现在听到和尚您说法，立即明白了。请和尚慈悲，再为我开导。"

惠能大师言："汝从彼来，应是细作。"
志诚曰："不是。"
六祖曰："何以不是？"
志诚曰："未说时即是，说了即不是。"

六祖言:"烦恼即是菩提,亦复如是。"

【白话译文】

惠能大师说:"你从那里来,应该是奸细。"

志诚说:"不是。"

惠能说:"为什么说不是呢?"

志诚说:"没有说的时候是奸细,说出来就不是了。"

惠能说:"烦恼就是菩提,道理和这一样。"

大师谓志诚曰:"吾闻汝禅师教人唯教戒定慧。汝和尚教人戒定慧如何?当为吾说。"

志诚曰:"秀和尚言戒定慧:诸恶不作名为戒,诸善奉行名为慧,自净其意名为定。此即名为戒定慧。彼作如是说,不知和尚所见如何?"

【白话译文】

惠能问志诚:"我听说你师父教人只教戒、定、慧。是怎么教的呢?说来我听听。"

志诚回答:"神秀师父是这样说的:不做任何恶事就叫戒,凡是善的就去做叫慧,自己清净自己的心意叫定。不知道您以为如何?"

惠能和尚答曰:"此说不可思议。惠能所见又别。"

志诚问:"何以别?"

惠能答曰:"见有迟疾。"

【白话译文】

惠能回答:"你师父的说法不可理解。我的见解和他不一样。"

志诚问:"有什么不一样?"

惠能回答:"人的理解力不一样,领悟有快有慢。"

志诚请和尚说所见戒定慧。

大师言:"汝听吾说,看吾所见处:心地无非自性戒,心地无乱自性定,心地无痴自性慧。"

大师言:"汝师戒定慧劝小根智人,吾戒定慧劝上智人,得吾自性,亦不立戒定慧。"

志诚言:"请大师说不立如何?"

大师言:"自性无非无乱无痴,念念般若观照,常离法相,有何可立?自性顿修,亦无渐次,所以不立。"

志诚礼拜,便不离曹溪山,即为门人,不离大师左右。

【白话译文】

志诚请惠能解说戒定慧。

大师说:"我的看法是这样的:心里面没有是非,自性就处于戒的境地;心里面没有迷乱,自性就处于定的境地;心里面没有愚痴，自性就处于慧的境地。"

大师说："你师父所说的戒定慧适用于悟性不是特别高的人，我所说的戒定慧适用于悟性特别高的人。如果悟到了自己的本性，其实就不必再立什么戒定慧了。"

志诚说："请大师解说一下不立是什么意思？"

大师说："自己的本性没有是非、没有迷乱、没有愚痴，时时刻刻用智慧去观照，超越一切表相，有什么可以立的呢？自性在刹那间悟到并修行，无须渐进的过程，所以不必确立形式上的法则。"

志诚礼拜，成为惠能的门人，再也没有离开曹溪山，一直侍奉在惠能左右。

又有一僧名法达，常诵《妙法莲华经》七年，心迷不知正法之处。来至曹溪山，礼拜，问大师言："弟子尝诵《妙法莲华经》七年，心迷不知正法之处，经上有疑。大师智慧广大，愿（古作'原'）为除疑。"

【白话译文】

有一个叫法达的僧人，七年来经常诵读《妙法莲华经》，却还是很迷惑，不知道正确的佛法在哪里。到了曹溪山，礼拜惠能大师，问："弟子读了七年的《妙法莲华经》，仍然很迷惑，觉得经书上有疑问。大师您具有大智慧，希望能为我解除疑惑。"

大师言:"法达,法即甚达,汝心不达,经上无疑,汝心自疑。汝心自邪,而求正法。吾心正定,即是持经。吾一生已来,不识文字。汝将《法华经》(即《妙法莲华经》)来,对吾读一遍,吾闻即知。"

【白话译文】

大师说:"法达,佛法是很通达的,只是你的心还不通达,经书上并无疑问,是你的心里有疑问。你的心思还有邪曲的见解,却要去寻求正法。我的内心正定,就是秉持着佛经。我从出生以来都不认识字,你把《法华经》拿来,读一遍给我听,我来告诉你其中的道理。"

法达取经,对大师读一遍。六祖闻已,即识佛意,便与法达说《法华经》。六祖言:"法达,《法华经》无多语,七卷尽是譬喻因缘。如来广说三乘,只为世人根钝;经文分明,无有余乘,唯有一佛乘。"

【白话译文】

法达把经书拿来,读给惠能大师听。大师听了,立即知道讲的是什么,便为法达解释。大师说:"法达,《法华经》说的不多,七卷都是用譬喻来阐述佛法。如来广为传播三种成佛的方法(声闻乘、缘觉乘、菩萨乘),只是为了接引根器愚钝的众生;但经书上写得很清楚,只有唯一的方法,并无其他的方法。"

大师（言）："法达，汝听一佛乘，莫求二佛乘，迷却汝性。经中何处是一佛乘？吾与汝说。经云：诸佛世尊，唯以一大事因缘故，出现于世（以上十六字是正法）。此法如何解？此法如何修？汝听吾说。人心不思本源空寂，离却邪见，即一大事因缘。内外不迷，即离两边。外迷著相，内迷著空，于相离相，于空离空，即是内外不迷。若悟此法，一念心开。出现于世，心开何物？开佛知见。佛犹觉也，分为四门：开觉知见，示觉知见，悟觉知见，入觉知见。开、示、悟、入，从一处入，即觉知见，见自本性，即得出世。"

【白话译文】

大师说："法达，你应该信奉唯一的佛法，而不要去求什么二乘佛，使得自己的本性迷失。经中哪里是唯一的佛法呢？我说给你听。经上说：所有的佛，都因为一件大事的缘故，出现在世上。

这种佛法如何理解呢？如何修行呢？我来告诉你。人的内心不胡思乱想，本原上达到空的境地，脱离邪见，这就是一件大事的缘故。无论内心还是外在，都不执迷，就是超越了分别相。对外迷乱，就会执著于表象，对内迷乱，就会执著于虚空，倘如处于尘世而又超越尘世，处于虚空而又能超越虚空，就是内外都不迷乱。假如明白这个道理，刹那间就可以豁然开朗。

显现在世间，开启的是什么呢？是佛的智慧见解。所谓佛，就是觉的意思，分为四个方面：开启觉的智慧，显示觉的智慧，领悟觉的智慧，进入觉的智慧。开、示、悟、入，虽分四个方面，但关键的切入点都是觉的智慧，只有觉的智慧让我们见到自己的本性，从世间的烦恼中解脱出来。"

大师言："法达，吾常愿一切世人心地常自开佛知见，莫开众生知见。世人心邪，愚迷造恶，自开众生知见；世人心正，起智慧观照，自开佛知见。莫开众生知见，开佛知见，即出世。"

大师言："法达，此是《法华经》一乘法，向下分三，为迷人故。汝但依一佛乘。"

大师言："法达，心行转《法华》，不行《法华》转；心正转《法华》，心邪《法华》转；开佛知见转《法华》，开众生知见被《法华》转。"

大师言："努力依法修行，即是转经。"

法达一闻，言下大悟，涕泪悲泣，白言："和尚，实未曾转《法华》，七年被《法华》转。已后转《法华》，念念修行佛行。"

【白话译文】

大师说："法达，我希望所有人心中开启的是佛的智慧见解，而不是众生的看法。世人心里面有邪念，愚昧迷失，而且造恶业，当然就只会具有众生的看法；心里面正直坦荡，用智慧去关照一切，自然就会具有佛的智慧见解。不要停留在众生的看法上，要升华到佛的智慧见解，就出离世间了。"

大师说："法达，《法华经》所说，只有唯一的佛法，迷失的人错以为有三种佛法。你应该依靠唯一的佛法。"

大师说："法达，用心修行，就是真正领会了《法华经》，反之，就只是拘泥于《法华经》；心灵坦直，就是真正领会了《法华经》，心灵邪曲，就是没有懂得《法华经》；开启佛的智慧见解，就是真正领会了《法华经》，开启众生的看法，就是被《法华经》的教条所束缚。"

大师说："努力按照佛法修行，就是真正领会了经书。"

法达听了，马上就觉悟了，不禁痛哭起来，说："和尚，七年来，我一直没有真正领悟《法华经》，而是被它的文字所束缚。以后我要去悟解《法华经》，时刻修行佛法。"

时有一僧名智常，来曹溪山礼拜和尚，问四乘法义。智常问和尚曰："佛说三乘，又言最上乘。弟子不解，望为教示。"

惠能大师曰："汝自身心见，莫著外法相。元无四乘法。人心量四等，法有四乘：见闻读诵是小乘；悟法解义是中乘；依法修行是大乘；万法尽通，万行具备，一切不离，但离法相，作无所得，是最上乘。最上乘是最上行义，不在口诤。汝须自修，莫问吾也。"

【白话译文】

那时有个僧人叫智常,到曹溪山来礼拜惠能,请教四乘法义,说:"佛法中说到有声闻、缘觉、菩萨三种成佛的方法,又说只有最上乘的方法。我不太理解,请您为我解释。"

惠能大师说:"要从自己的本性上去发现,不要执著于形式上的东西。佛法本来没有什么差别,不存在四种不同的方法。但是,人的心灵确实有四种不同的境地,所以,针对不同的心灵,就有四种方便法门:诵读或聆听佛经是小乘;领会佛经的义理是中乘;按照佛法修行是大乘;领悟了各种佛法,透彻地明白了各种现象,具备了一切修行,处于尘世,而能出离尘世,在做什么,而又一无所得,自在无碍,是最上乘。最上乘就是最彻底的行为,而非口上说说。你应当自己去修行,而不要问我。"

又有一僧名神会,南阳人也,至曹溪山礼拜,问言:"和尚坐禅,见不见?"

大师起,把打神会三下,却问神会:"吾打汝,痛不痛?"

神会答曰:"亦痛亦不痛。"

六祖言曰:"吾亦见亦不见。"

神会又问大师:"何以亦见亦不见?"

大师言:"吾亦见(者),常见自过患,故云亦见;亦不见者,不见天地人过罪,所以亦见亦不见也。汝亦痛亦不痛如何?"

【白话译文】

又有一个僧人叫神会,南阳人,到曹溪山礼拜,问:"和尚您坐禅时,看得见还是看不见?"

惠能起身打了神会三下,问:"我打你,痛还是不痛?"

神会回答:"既痛又不痛。"

惠能便说:"那么我也是既看得见,又看不见。"

神会又问:"什么叫既看得见又看不见?"

惠能回答:"我所看到的,只是自己的过错,所以说看得见;所看不见的,是天地人的一切罪过。所以说,既看得见又看不见。你说的既痛又不痛是什么呢?"

神会答曰:"若不痛,即同无情木石;若痛,即同凡夫,即起于恨。"

大师言:"神会,向前,见不见是两边,痛不痛是生灭。汝自性且不见,敢来弄人!"

神会礼拜,更不敢言。大师言:"汝心迷不见,问善知识觅路。汝心悟自见,依法修行。汝自迷不见自心,却来问惠能见否。吾不自知,代汝迷不得。汝若自见,(岂)代得我迷?何不自修,乃问吾见否?"

神会作礼,便为门人,不离曹溪山中,常在左右。

【白话译文】

神会回答:"假如不痛,就和无情木石一样了;假如痛的话,又和凡夫俗子一样,产生怨恨的心理。"

惠能说:"神会,过来,见与不见,是两种对立的立场,痛与不痛,是生灭的过程。你连自己的本性还没有觉悟到,就敢来卖弄!"

神会礼拜,不敢再说什么。

惠能接着说:"你自己心里迷乱,找不到本性,就要向那些觉悟者请教。如果你自己悟解了,找到自己的本性了,就按照领悟的佛法修行。你自己执迷看不到自己的本性,却来问我有没有看到。即使我看不到的,也无法取代你的看不到。假如你自己看得到的话,也无法代替我来认识我的本性。为什么不自己修行,自己去认识自己的本性,却要来问我有没有看见呢?"

神会再次礼拜,并成为门人,不再离开曹溪山,留在了惠能大师身边。

大师遂唤门人法海、志诚、法达、智常、智通、志彻、志道、法珍、法如、神会。大师言:"汝等十弟子近前。汝等不同余人。吾灭度后,汝(等)各为一方师。吾教汝(等)说法,不失本宗。举三科法门,动用三十六对,出没即离两边。说一切法,莫离于性相。若有人问法,出语尽双,皆取对法,来去相因,究竟二法尽除,更无去处。三科法门者:阴、界、入。阴是五阴,界是十八界,入是十二入。何名五阴?色阴、受阴、想阴、行阴、识阴是。何名十八界?六尘、六门、六识。何名十二入？外六尘、中六门。何名六尘？色、声、香、味、触、法是。何名六门？眼、耳、鼻、舌、身、意是。法性起六识：眼识、耳识、鼻识、舌识、身识、意识；六门、六尘。自性含万法，名为含藏识。思量即转识。生六识，出六门，见六尘，是三六十八。由自性邪，起十八邪；若自性正，起十八正。若恶用即众生，善用即佛。用由何等？由自性。"

【白话译文】

惠能叫来门人法海、志诚、法达、智常、智通、志彻、志道、法珍、法如、神会，说："你们几个上前来。你们和其他人不一样。我圆寂以后，你们各在一个地方传播佛法。现在我来教你们怎样在宣讲佛法时不失本教的宗旨。

首先，要学会三科法门，运用三十六相对法，任何时刻都要超越二元的对立立场。领悟一切的现象，都不要离开自己的本性。如果有人问你们佛法，你们的回答应该语带双关，相对地看待一切，前言后语要相辅成，从根本上去除二元对立的分别相，再也不要企图向别的什么去寻求佛法。

三科法门，就是指阴、界、入这三科。阴即五阴：色、受、想、行、识。界即十八界：六尘、六门、六识。入即十二入：外六尘、中六尘。什么是六尘？就是色、声、香、味、触、法。什么是六门？就是眼、耳、鼻、舌、身、意。存在本身引发六种认识机能：眼识、耳识、鼻识、舌识、身识、意识；还引发六门、六尘。我们自己的本性包含了所有的佛法，称作含藏识。一起念头就可以转化各种认识机能。起心产生了六识,并从六门里出离,六尘就显现了,这就叫十八界。假如我们的本性起了邪念,就会产生十八种邪恶;假如我们的本性起了正念,就会产生十八种正直。被恶念所用,就是众生,被善念所用,就是佛。这种起用来自何处呢?来自自己的本性。"

"对。外境无情对有五:天与地对,日与月对,暗与明对,阴与阳对,水与火对。语言法相对有十二对:有为无为对,有色无色对,有相无相对,有漏无漏对,色与空对,动与静对,清与浊对,凡与圣对,僧与俗对,老与少对,长与短对,高与下。自性居起用对有十九对:邪与正对,痴与慧对,愚与智对,乱与定对,戒与非对,直与曲对,实与虚对,险与平对,烦恼与菩提对,慈与害对,喜与嗔对,舍与悭对,进与退对,生与灭对,常与无常对,法身与色身对,化身与报身对,体与用对,性与相对。语言法相对有十二对,外境无情有五对,自性居起用有十九对,都合成三十六对法也。"

【白话译文】

"相对的事物。外境无情有五对:天与地相对,日与月相对,暗与明相对,阴与阳相对,水与火相对。语言法相有十二对:有为与无为相对,有色与无色相对,有相与无相相对,有漏与无漏相对,色与空相对,动与静相对,清与浊相对,凡与圣相对，僧与俗相对，老与少相对，长与短相对，高与下相对。自性居起用有十九对：邪与正相对，痴与慧相对，愚与智相对，乱与定相对，戒与非相对，直与曲相对，实与虚相对，险与平相对，烦恼与菩提相对，慈与害相对，喜与嗔相对，舍与悭相对，进与退相对，生与灭相对，常与无常相对，法身与色身相对，化身与报身相对，体与用相对，性与相相对。语言法相十二对，外境无情五对，自性居起用十九对，总共加起来有三十六种相对存在的现象。"

"此三十六对法，解用通一切经，出入即离两边。如何自性起用、三十六对？共人言语，出外，于相离相；入内，于空离空。著空则惟长无明；著相则惟长邪见。谤法，直言'不用文字'。既云'不用文字'，人不合言语；言语即是文字。自性上说空，正语言本性不空。迷人自惑，语言除故。暗不自暗，以明故暗；明不自明，以暗故明。以明显暗，以暗显明，来去相因。三十六对，亦复如是。"

【白话译文】

"这三十六种相对法，可以用来解读所有的经书，深入领悟就能摆脱极端的偏见。如何从自己的本性上来起用这三十六种相对法？和人交往时，对外，处于现象中而不受现象系缚；对内，处于空中而不受空系缚。执著于空，就会陷于迷惑；执著于相，就会产生邪见。有些人曲解佛法，说什么'不用文字'。如果说连文字都不用，那么，人就连话都不要说了；话也是文字。从自性上去解说空，正体现了语言的本性不空。迷惑的人自己迷惑，却以为是语言的缘故。暗不会自己显现暗，因为有明，所以才有暗；明不会自己显现明，因为有暗，所以才有明。借暗来彰显明，借明来彰显暗，相互依存。三十六种相对的现象，也是如此。"

大师言："十弟子，已后传法，递相教授一卷《坛经》，不失本宗。不禀受《坛经》，非我宗旨。如今得了，递代流行。得遇《坛经》者，如见吾亲授。"

十僧得教授已，写为《坛经》，递代流行。得者必当见性。

【白话译文】

惠能说："你们十个人，以后传播佛法，渐次地教授《坛经》，不要失掉本门的宗旨。不接受《坛经》，就是不接受我这一门的宗旨。现在你们得到了《坛经》，一代一代地传承下去。凡是有缘接触到《坛经》的人，就好像见到我亲自在讲授。"

十个弟子得到惠能的教诲，就把《坛经》用文字写了下来，以便流传后代。遇到的人如果用心去领悟，一定会见到自己的本性。

大师先天二年八月三日灭度。七月八日唤门人告别。大师先天元年于新州国恩寺造塔,至先天二年告别。大师言:"汝众近前,吾至八月欲离世间。汝等有疑早问,为汝破疑,当令迷尽,使汝安乐。吾若去后,无人教汝。"

【白话译文】

惠能于先天二年八月三日去世。七月八日把门人叫到跟前和他们作别。惠能早在先天元年就已经在新州国恩寺建塔,到第二年建成,于是和众弟子告别。惠能说:"你们走上前来,我到八月间要离开世间了,如果有什么疑问,请尽快问,我为你们解除疑惑,使得你们不再迷惑,内心得到安宁。我走了以后,就没有人教导你们了。"

法海等众僧闻已,涕泪悲泣,唯有神会不动,亦不悲泣。六祖言:"神会小僧,却得善不善等,毁誉不动。余者不得,数年山中,更修何道!汝今悲泣,更忧阿谁?忧吾不知去处在?若不知去处,终不别汝。汝等悲泣,即不知吾去处;若知去处,即不悲泣。性无生灭,无去无来。汝等尽坐,吾与汝一偈:《真假动静偈》。汝等尽诵取此偈,意与吾同。依此修行,不失宗旨。"

【白话译文】

法海等弟子听了,都悲痛不已,只有神会没有反应,也不悲伤地哭泣。惠能说:"神会小和尚,只有你达到了善不不善等一、毁誉不动的境界。其他人还没有达到,在山里修行了那么多年,修到了什么呢?你们现在哭哭啼啼,为谁忧伤呢?忧伤我死后不知要到哪里去吗?如果我不知道要到哪里去,就不会叫你们来和你们作别了。你们悲哀哭泣,说明你们不知道我要去哪里;如果知道我要去哪里,就不会悲哭了。本性没有生也没有灭,没有去也没有来。你们都坐下,我说一首偈给你们,叫《真假动静偈》。你们好好诵读,领悟的意思与我的心念一样。按照这首偈修行,不要偏离根本的旨意。"

僧众礼拜,请大师留偈,敬心受持。偈曰:
一切无有真,不以见于真,
若见于真者,是见尽非真。
若能自有真,离假即心真,
自心不离假,无真何处真。
有情即解动,无情即无动,
若修不动行,同无情不动。
若见真不动,动上有不动,
不动是不动,无情无佛种。
能善分别性,第一义不动,
若悟作此见,则是真如用。
报诸学道者,努力须用意,
莫于大乘门,却执生死智。
前头人相应,即共论佛义,

若实不相应,合掌礼劝善。

此教本无诤,若诤失道意,

执迷诤法门,自性入生死。

【白话译文】

众弟子礼拜,请惠能大师说偈,怀着恭敬的心听取并秉持。偈是这样的:

一切并非真实不变,所见到的不一定是真实不变,

如果以为所见都真实不变,那你所能见到的只是虚幻。

如果想知道自己内在那真实不变的,

离开了假相,就能见到;

如果自己的心性还没有出离假象,

本身不是真实的,那么,能到何处去寻找真呢?

有生命,就会有所动,没有生命,就不会有所动;

如果只是修行让自己不动,那么就和无生命的东西一样。

真正的不动,其实是动中涵蕴着不动,

不动如果只是死寂的不动,就等于没有了生命,

没有生命,就不会有佛的种子。

善于分别一切事相,在最终的意义上不动,

如果能够领悟,成就这样的见解,

就是真正的本性在如如不动地发挥作用。

告诉各位学道的人,要努力用心领会。

不要身处大乘的法门,却执著于生死的分别心念。

彼此默契，就与他一起共论佛道，

彼此没有默契，就双手合十，劝他行善就可以了。

这个教是不争论的，一旦争论，就与佛法相悖。

如果执著于理论派别的争论，

自己的本性就沦于生死之途了。

众僧既闻，识大师意，更不敢诤，依法修行。一时礼拜，即知大师不久住世。上座法海向前言："大师，大师去后，衣法当付何人？"

大师言：法即付了，汝不须问。吾灭后二十余年，邪法缭乱，惑我宗旨。有人出来，不惜身命，定佛教是非，竖立宗旨，即是吾正法。衣不合传。汝不信，吾与诵先代五祖《传衣付法颂》。若据第一祖达摩颂意，即不合传衣。听吾与汝诵。颂曰：

【白话译文】

众弟子听了，明白了惠能大师的意思，不敢再争什么，只是依照佛法修行。知道大师不久将圆寂，大家再次礼拜，上座法海和尚走到前面说："师父，您去之后，衣法应当传给谁呢？"

惠能大师回答：我已经把法嘱咐了，不需再问了。我灭度后二十多年，各种邪曲的见解流行，混淆我们的宗旨。会有人出现，不惜身家性命，框定佛教的是是非非，重新确立宗旨，即重新确立正确的成佛方法。衣不适合再传下去了。你不信的话,我把先代五祖《传衣付法颂》念给你听,就明白了。

据第一祖师达摩的颂来看,就意味着没有必要传衣。

听我念,颂是这样的——

第一祖达摩和尚颂曰:
吾本来唐国,传教救迷情,
一花开五叶,结果自然成。

第二祖慧可和尚颂曰:
本来缘有地,从地种花生,
当来元无地,花从何处生。

第三祖僧璨和尚颂曰:
花种须因地,地上种花生,
花种无生性,于地亦无生。

第四祖道信和尚颂曰:
花种有生性,因地种花生,
先缘不和合,一切尽无生。

第五祖弘忍和尚颂曰:
有情来下种,无情花即生,

无情又无种,心地亦无生。

第六祖惠能和尚颂曰:
心地含情种,法雨即花生,
自悟花情种,菩提果自成。

【白话译文】

第一祖达摩和尚的颂:

我千里迢迢来到唐国,本意只是传播佛法普度众生,

一朵花盛开成五片叶子,果实自然而然就结成了。

第二祖慧可和尚的颂:

因为有土地,播种于地上就能开花,

当原本并无土地之时,花从何处开放呢?

第三祖僧璨和尚的颂:

花的种子因地而生,有土地才有花,

但如果花的种子没有生命性,那么,即使播种在土地上也不会开花。

第四祖道信和尚的颂:

花的种子有生命性,种在地上发芽抽枝,

但如果缘分不到,最终还是无法结果。

第五祖弘忍和尚的颂:

灵性已开的人来播种,灵性未开的种子就会发芽,

但如果既没有灵性已开的人来启导,种子里又没有灵性,

心地上也不会有灵性的花朵开放。

第六祖惠能和尚的颂：

心地含藏一切的种子，当化育的雨水降下来，

自己认识到这花的灵性，智慧之果就自然结成。

能大师言：汝等听吾作二颂，取达摩和尚颂意。汝迷人依此颂修行，必当见性。

第一颂曰：

心地邪花放，五叶逐根随，

共造无明业，见被业风吹。

第二颂曰：

心地正花放，五叶逐根随，

共修般若慧，当来佛菩提。

六祖说偈已了，放众生散。门人出外思维，即知大师不久住世。

【白话译文】

惠能大师说：我借鉴达摩师父的意思，作二首颂给你们。迷惑的人依照这个修行，一定会见到自己的本性。

第一首颂是：

心灵的土地上如果开放邪花，

花叶就随着根的性质变化，

一起造出种种错误，

将来一定要承受恶果。

第二首颂是：

心灵的土地开放正花，

花就随着根的性质变化，

一起修炼般若智慧，

将来必得佛的觉悟。

六祖说完偈，就让大家各自回去。大家在外面思考六祖刚才讲的，都知道大师不久就要圆寂了。

六祖后至八月三日，食后，大师言："汝等著位坐，吾今共汝等别。"

法海问言："此顿教法传授，从上已来至今几代？"

六祖言："初传授七佛，释迦牟尼佛第七，大迦叶第八，阿难第九，末田地第十，商那和修第十一，优婆鞠多第十二，提多迦第十三，佛陀难提第十四，佛陀蜜多第十五，胁比丘第十六，富那奢第十七，马鸣第十八，毗罗长者第十九，龙树第二十，迦那提婆第二十一，罗睺罗第二十二，僧伽那提第二十三，僧迦耶舍第二十四，鸠摩罗驮第二十五，者耶多第二十六，婆修盘多第二十七，摩奴罗第二十八，鹤勒那第二十九，师子比丘第三十，舍那婆斯第三十一，优婆堀第三十二，僧伽罗第三十三，须婆蜜多第三十四，南天竺国王子第三太子菩提达摩第三十五，唐国僧慧可第三十六，僧璨第三十七，道信第三十八，弘忍第三十九，惠能自身当今受法第四十。"

【白话译文】

八月三日,惠能吃过饭后,对弟子们说:"你们坐下,我今天要和你们作别。"

法海问:"这个顿教已经传授了多少代了?"

六祖回答:"最初传授了七位佛。到释迦牟尼佛是第七,然后依次是大迦叶第八,阿难第九,末田地第十,商那和修第十一,优婆鞠多第十二,提多迦第十三,佛陀难提第十四,佛陀蜜多第十五,胁比丘第十六,富那奢第十七,马鸣第十八,毗罗长者第十九,龙树第二十,迦那提婆第二十一,罗睺罗第二十二,僧伽那提第二十三,僧迦耶舍第二十四,鸠摩罗驮第二十五,者耶多第二十六,婆修盘多第二十七,摩奴罗第二十八,鹤勒那第二十九,师子比丘第三十,舍那婆斯第三十一,优婆堀第三十二,僧伽罗第三十三,须婆蜜多第三十四,南天竺国王子第三太子菩提达摩第三十五,唐国僧慧可第三十六,僧璨第三十七,道信第三十八,弘忍第三十九,惠能自己受法第四十。"

大师言:"今日已后,递相传受,须有依约,莫失宗旨。"

法海又白:"大师今去,留付何法?令后代人如何见佛?"

六祖言:"汝听,后代迷人但识众生,即能见佛;若不识众生,觅佛万劫不可得也。吾今教汝识众生见佛,更留《见真佛解脱颂》。迷即不见佛,悟者乃见。"

法海愿闻,代代流传,世世不绝。

【白话译文】

大师说:"今天以后,渐次传播下去,必须有所依约,不要失去了根本的旨意。"

法海又问:"大师现在要去了,留下什么法呢?后代的人如何能够见到佛呢?"

六祖说:"你听着,后代迷惑的人如果能够认识众生,就能体悟到佛性;如果不认识众生,几乎永远不可能找到佛。我现在教你们认识众生,见到佛性,再留下《见真佛解脱颂》。迷失了,就见不到佛,觉悟了,就见到佛。"

法海愿意恭闻大师的颂,并把它记录下来,代代流传,不被埋没。

六祖言:"汝听,吾与汝说。后代世人,若欲觅佛,但识众生,即能识佛。(佛)即缘有众生,离众生无佛心。

迷即佛众生,悟即众生佛。

愚痴佛众生,智慧众生佛。

心险佛众生,平等众生佛。

一生心若险,佛在众生心。

一念悟若平,即众生自佛。

我心自有佛,自佛是真佛。

自若无佛心,向何处求佛。"

【白话译文】

六祖说:"你们听着。后代的人,若想寻找到佛,一定要了解众生,了解了众生,才能了解佛。为什么呢?因为佛是由于众生才出现的,离开了众生就没有了佛心。

迷失的时候,秉具着佛心的人所呈现的只是众生的心,他只是众生;

觉悟的时候,秉具着众生之心的人呈现的却是佛的心,他就是佛。

愚痴的时候,秉具着佛心的人所呈现的只是众生的心,他只是众生;

智慧的时候,秉具着众生之心的人呈现的却是佛的心,他就是佛。

心地险恶的时候,秉具着佛心的人所呈现的只是众生的心,他只是众生;

心地平等的时候,秉具着众生之心的人呈现的却是佛的心,他就是佛。

一辈子心地不平,那么,佛就藏在众生的心底,无法显现,

一念之间心地平等,那么,众生立即可以成为佛。

我的心中有佛,自己心中的佛才是真正的佛。

如果自己没有佛心,又能向什么地方去寻求佛呢?"

大师言:"汝等门人好住,吾留一颂,名《自性见真佛解脱颂》。后代迷人识此颂意,即见自心自性真佛。与汝此颂,吾共汝别。颂曰:

真如净性是真佛,

邪见三毒是真魔。

邪见之人魔在舍,

正见之人佛即过。

性中邪见三毒生,

即是魔王来住舍。

正见忽除三毒心,

魔变成佛真无假。

化身报身及法身,

三身元本是一身。

若向身中觅自见,

即是成佛菩提因。

本从化身生净性,

净性常在化身中。

性使化身行正道,

当来圆满真无穷。

婬性本是净性因,

除婬即无净性身。

性中但自离五欲,

见性刹那即是真。

今生若悟顿教门，
悟即眼前见世尊。
若欲修行求觅佛，
不知何处欲觅真。
若能身中自有真，
有真即是成佛因。
自不求真外觅佛，
去觅总是大痴人。
顿教法者是西流，
救度世人须自修。
今报世间学道者，
不于此见大悠悠。"

【白话译文】

大师说："你们好好修习，我留给你们一首颂，叫《自性见真佛解脱颂》。后代迷失的人领悟了这首颂的意义，就可以把握到自己的本性，从而真正成就佛道。把这首给你们，和你们告别。颂是这样的：

最终的、不起分别心的本性就是真正的佛，

邪曲造作的心念和贪婪、愤恨、愚痴就是真正的魔。

怀着邪曲之见的人，魔鬼就留在他身体里，

有着正确见解的人，佛就会留在他心中。

本性如果染上了邪曲之见，便滋生贪婪、嗔恨、愚痴，成为魔王的住宅。

如果用正确的见解断然铲除贪婪、愤恨、愚痴之心,

魔鬼就变成了佛,真实不虚。

宇宙的本体叫法身,

大彻大悟而充满福慧的佛与菩萨叫报身,

世间众生和森罗万象叫化身,

这三身其实是一身。

如果向自己这融三身为一身的生命里寻求自悟,

就是觉悟成佛的因缘。

我们有形的生命是化身,

而我们清净无分别的最终本性本来就寓含在这化身之中,

而且也表现在这化身之中。

化身之中的最终本性使化身行正道,

将来得到圆满的结果则福慧无穷。

情欲原本是清净的动力,

当情欲澄净,清净的灵觉之身便脱然而出。

只要摆脱本性中眼、耳、鼻、舌、身所带来的欲望,

刹那之间就可以见到真正的本性。

此生如果领悟了顿然觉悟之教,

此生就能亲眼见到世尊。

如果不明白顿悟之理,却想用修行的方法寻找佛,

你便不知何处才能寻到真正的佛。

如果能在心中自己发现真正的本性,

那么这真正的本性就会引导你成就佛道。
自己不在心中寻求真佛，却向外找寻，
总是大痴人一个。
顿悟之教从西方流传过来，
要救度世人首先要自己修行。
各位学佛的人，这些都已告诉你们了，
如果还不能向这里参悟，
就太虚度岁月了。"

大师说偈已了，遂告门人曰："汝等好住，今共汝别。吾去已后，莫作世情悲泣而受人吊问、钱帛，著孝衣，即非圣法，非我弟子。如吾在日一种。一时端坐，但无动无静，无生无灭，无去无来，无是无非，无住无往，坦然寂静，即是大道。吾去以后，但依法修行，共吾在日一种。吾若在世，汝违教法，吾住无益。"

【白话译文】

大师说完偈，就告诉门人："你们好好修行，我现在和大家告别。我走以后，不要像一般人那样哭哭啼啼，不要接受人家的吊祭、钱财，也不要身穿孝服。如果这样做的话，就不合真正的佛法，不是我的弟子。应当像我在世的时候一样。一时静静地坐着，无生无灭，无去无来，无是无非，无住无往，坦然寂静，是最终的存在。我去以后，只要按照佛法修行，就仍然和我在一起。假如我在世间，而你们违背佛法，那么，即使我活着也没有什么益处。"

大师言此语已，夜至三更，奄然迁化。大师春秋七十有六。

大师灭度之日，寺内异香氤氲，数日不散；山崩地动，林木变白，日月无光，风云失色。八月三日灭度，至十一月迎和尚神坐于曹溪山，葬在龙龛之内。白光出现，直上冲天，三日始散。韶州刺史韦璩立碑，至今供养。

【白话译文】

惠能大师说完这番话，已经是三更半夜，一下子就走了。那年惠能大师正好七十六岁。

惠能大师灭度那天，寺内弥漫着奇异的香味，过了几天还不散去；山崩地动，树木变白，日月没有了光芒，风云失去了色彩。八月三日灭度，十一月在曹溪山恭迎和尚的神坐，埋葬在龙龛里面。当时出现白光，直冲上云霄，三天后才散开。为此，韶州刺史韦璩立了碑纪念，这块碑至今还被人供养着。

此《坛经》，法海上座集。上座无常，付同学道际；道际无常，付门人悟真；悟真在岭南曹溪法兴寺，现今传授此法。

如付此法，须得上根智，深信佛法，立于大悲。持此经以为禀承，于今不绝。

和尚本是韶州曲江县人也。

如来入涅槃，法教流东土，

共传无住（法），即我心无住。

此真菩萨说，真实示行喻，

唯教大智人，示旨于凡度。

誓（愿）修行，遭难不退，遇苦能忍，福德深厚，方授此法。如根性不堪，材量不得，虽求此法，达立不得者，不得妄付《坛经》。告诸同道者，令知密意。

【白话译文】

这部《坛经》，是法海上座记录整理。法海去世，交付给同学道际；道际去世，交付给门人悟真；悟真在岭南曹溪山法兴寺，目前正在传授这部佛法。

如要托付这部佛法，一定要有上等的智慧，并且诚心向佛，慈悲为怀。秉持这部经书作为一种继承，到现在没有断绝。

和尚原是韶州曲江县人。

如来进入了涅槃，佛法流向东土，

一起传播自在无碍的真理，也就是我自己的心得到了大自在。

这是真正的菩萨所说，实实在在地向我们显示修行的方法。

只教导那些大智慧的人，到凡俗的世间向众生昭示佛的旨意。

发誓愿意修行，遇到艰难绝不退缩，遇到痛苦一定能够忍耐，福慧德泽深厚，才能传授这部佛法。如果根性无法胜任，才能气量无法达到，那么即使寻求这部佛法，也不能随便托付《坛经》。告诉各位同道的人，让他们知道其中的深意。